Dominando SQL: Desde Consultas Básicas hasta Desafíos Avanzados

Índice

INTRODUCCIÓN   **4**
   Por qué aprender SQL   4
   Estructura del libro   5
Capítulo 1: Fundamentos de SQL   **7**
   Repaso de conceptos básicos   7
   Consultas SELECT avanzadas   10
   Ejemplos prácticos para SELECT   12
Capítulo 2: Filtrado y Clasificación de Datos   **14**
   Operadores lógicos y comparativos   14
   Cláusula WHERE y ORDER BY   17
   Ejemplos prácticos de filtrado y clasificación   19
Capítulo 3: Joins y Relaciones de Tablas   **23**
   Introducción a los Joins   23
   INNER JOIN, LEFT JOIN, RIGHT JOIN   24
   Joins múltiples y anidados   26
   Ejemplos de combinación de datos   28
Capítulo 4: Subconsultas y Expresiones Comunes de Tabla (CTE)   **30**
   Subconsultas escalar y de tabla   30
   Expresiones Comunes de Tabla (CTE)   31
   Ejemplos de subconsultas y CTE   33
Capítulo 5: Optimización de Consultas SQL   **35**
   Uso de índices   35
   Optimización de consultas complejas   36
   Estrategias de rendimiento   38
   Ejemplos de optimización   39
Capítulo 6: Transacciones y Control de la Concurrencia   **42**
   Introducción a las transacciones   42
   Control de concurrencia y bloqueo   43
   Guardar puntos de restauración   45
   Ejemplos de transacciones   47
Capítulo 7: Seguridad en Bases de Datos SQL   **49**
   Conceptos básicos de seguridad   49
   Control de acceso a tablas y vistas   50
   Buenas prácticas de seguridad   53
Capítulo 8: Bases de Datos Específicas   **57**
   MySQL: Características y diferencias   57
   PostgreSQL: Características y diferencias   59
   SQL Server: Características y diferencias   61
Capítulo 9: Avanzando en SQL   **63**
   Consultas avanzadas   63

Creación de procedimientos almacenados   65
Triggers y funciones definidas por el usuario   69
Ejemplos avanzados   72
Capítulo 10: Visualización de Datos   **75**
Introducción a la visualización de datos   75
Integración con herramientas de visualización   77
Creación de gráficos y tableros   78
Proyectos de visualización   79
Ejercicios   **82**
Soluciones   **86**
Apéndice: Recursos Adicionales   **92**
Sitios web y libros recomendados   92
Comunidades en línea   92
Conclusiones   **94**
Resumen de los conceptos clave   94
Siguiendo adelante con SQL   95

INTRODUCCIÓN

En un mundo impulsado por los datos, el conocimiento de SQL es una habilidad invaluable. SQL (Structured Query Language) es el lenguaje de consulta utilizado para comunicarse con bases de datos, desde pequeñas aplicaciones personales hasta sistemas de gestión de datos empresariales a gran escala. Si deseas extraer información, realizar análisis de datos, gestionar bases de datos o desarrollar aplicaciones que interactúen con bases de datos, SQL es una herramienta esencial en tu caja de herramientas.

Este libro está diseñado para aquellos que ya tienen experiencia con SQL a nivel principiante y desean llevar sus habilidades al siguiente nivel. Aquí, exploraremos una variedad de conceptos y técnicas que te ayudarán a dominar SQL en un nivel intermedio. Desde consultas más avanzadas hasta la optimización de consultas y la seguridad de bases de datos, este libro te proporcionará el conocimiento y la confianza necesarios para enfrentar desafíos del mundo real.

Por qué aprender SQL

En el siglo XXI, los datos son la columna vertebral de la revolución digital. Empresas, instituciones gubernamentales y organizaciones de todos los tamaños dependen de datos para tomar decisiones informadas, identificar tendencias, impulsar la eficiencia y brindar mejores servicios. SQL (Structured Query Language) es el lenguaje que hace posible la gestión y manipulación de estos datos.

Aquí hay algunas razones convincentes para aprender SQL:

- Acceso a la información: SQL te permite acceder a grandes cantidades de datos almacenados en bases de datos de manera eficiente. Esto es esencial para cualquier persona que necesite extraer información de una base de datos, ya sea para análisis, informes, investigaciones o toma de decisiones.

- Flexibilidad y versatilidad: SQL es un lenguaje versátil que se aplica a una amplia variedad de bases de datos, desde bases de datos relacionales tradicionales hasta sistemas de gestión de bases de datos NoSQL. Aprender SQL te proporciona una habilidad que es relevante en múltiples contextos.

- Carrera y oportunidades laborales: Las habilidades en SQL son altamente valoradas en el mercado laboral. Tener conocimientos en SQL puede abrir puertas a oportunidades de empleo en áreas como la gestión de datos, análisis de datos, desarrollo de software y administración de bases de datos.

- Empoderamiento en la toma de decisiones: Con SQL, puedes realizar consultas y análisis de datos de manera autónoma. Esto te brinda la capacidad de obtener información valiosa de tus propias bases de datos y tomar decisiones basadas en datos, lo que puede ser beneficioso en tu vida personal y profesional.

- Integración con aplicaciones: Si estás involucrado en el desarrollo de software o la administración de sistemas, SQL es esencial para interactuar con bases de datos desde tus aplicaciones. Esto te permite crear aplicaciones web, móviles y empresariales que almacenan y recuperan datos de manera eficiente.

Estructura del libro

El libro está organizado de manera lógica para guiar tu progreso a medida que avanzas en tu aprendizaje. Cada capítulo se centra en un aspecto clave de SQL, presentando conceptos, ejemplos prácticos y ejercicios para que puedas aplicar lo que aprendes. La estructura del libro es la siguiente:

- Capítulo 1: Fundamentos de SQL - Repasaremos los conceptos básicos de SQL y profundizaremos en consultas SELECT avanzadas.

- Capítulo 2: Filtrado y Clasificación de Datos - Exploraremos cómo filtrar y ordenar datos utilizando la cláusula WHERE y ORDER BY.

- Capítulo 3: Joins y Relaciones de Tablas - Aprenderemos cómo combinar datos de múltiples tablas utilizando joins y cómo trabajar con relaciones complejas.

- Capítulo 4: Subconsultas y Expresiones Comunes de Tabla (CTE) - Descubriremos cómo usar subconsultas y expresiones comunes de tabla para crear consultas más poderosas.

- Capítulo 5: Optimización de Consultas SQL - Nos adentraremos en la optimización de consultas y el rendimiento de bases de datos.

- Capítulo 6: Transacciones y Control de la Concurrencia - Aprenderemos sobre el manejo de transacciones y el control de la concurrencia para garantizar la integridad de los datos.

- Capítulo 7: Seguridad en Bases de Datos SQL - Abordaremos cuestiones de seguridad y cómo proteger tus bases de datos de amenazas.

- Capítulo 8: Bases de Datos Específicas - Exploraremos características y diferencias clave entre bases de datos populares como MySQL, PostgreSQL y SQL Server.

- Capítulo 9: Avanzando en SQL - Nos sumergiremos en consultas avanzadas, procedimientos almacenados, triggers y funciones definidas por el usuario.

- Capítulo 10: Visualización de Datos - Concluiremos nuestro viaje explorando cómo visualizar datos y crear gráficos interactivos.

Además de los capítulos, encontrarás apéndices que incluyen un glosario de términos importantes y una lista de recursos adicionales para continuar tu aprendizaje. Cada capítulo te desafiará a través de ejercicios prácticos que fortalecerán tus habilidades y te prepararán para enfrentar proyectos del mundo real. ¡Estás a punto de embarcarte en un emocionante viaje para convertirte en un maestro de SQL a nivel intermedio!

Capítulo 1: Fundamentos de SQL

Repaso de conceptos básicos

Antes de sumergirnos en las profundidades de SQL, es fundamental establecer una base sólida de comprensión. En esta sección, revisaremos los conceptos fundamentales que forman la columna vertebral de SQL. Asegúrate de comprender estos conceptos, ya que serán la base sobre la cual construirás tus habilidades en SQL.

¿Qué es SQL?

SQL, o Structured Query Language, es un lenguaje de programación diseñado específicamente para administrar y consultar bases de datos relacionales. A través de SQL, puedes comunicarte con una base de datos para realizar tareas como recuperar información, agregar nuevos datos, actualizar registros existentes y eliminar datos. En esencia, SQL actúa como un puente que conecta a los usuarios y las aplicaciones con los datos almacenados en una base de datos.

SQL ha evolucionado a lo largo de las décadas y se ha convertido en un estándar de la industria ampliamente utilizado en la gestión de datos. Desde sistemas de gestión de bases de datos (DBMS) como MySQL, PostgreSQL y SQL Server, hasta sistemas más grandes como Oracle, SQL es la forma común de interactuar con datos estructurados.

Estructura de una Consulta SQL

Una consulta SQL típica consta de varias cláusulas que se organizan en una estructura específica. Las cláusulas más comunes incluyen:

- **SELECT:** Esta cláusula se utiliza para especificar las columnas que deseas recuperar de una tabla. Por ejemplo, "SELECT nombre, edad" recuperaría los valores de las columnas "nombre" y "edad" de una tabla.

- **FROM:** Aquí indicas la tabla de la que deseas recuperar los datos. Por ejemplo, "FROM empleados" especifica que los datos se extraen de la tabla de empleados.

- **WHERE:** La cláusula WHERE se utiliza para aplicar condiciones y filtrar los datos. Por ejemplo, "WHERE salario > 50000" limitaría los resultados a aquellos registros donde el salario es mayor de 50,000.

- **GROUP BY:** Esta cláusula se usa en combinación con funciones de agregación para agrupar datos basados en los valores de una columna. Por ejemplo, "GROUP BY departamento" agrupa registros por departamento.

- **HAVING:** Similar a WHERE, pero se aplica después de GROUP BY para filtrar grupos de datos basados en condiciones específicas. Por ejemplo, "HAVING COUNT(*) > 10" seleccionaría grupos con más de 10 registros.

- **ORDER BY:** Se utiliza para ordenar los resultados en función de una o más columnas. Por ejemplo, "ORDER BY fecha_contratación DESC" ordenaría los resultados por fecha de contratación en orden descendente.

Tipos de Datos

En SQL, los tipos de datos se utilizan para definir la estructura de las columnas en una tabla. Los tipos de datos más comunes incluyen:

- **VARCHAR(n):** Almacena cadenas de caracteres de longitud variable, donde "n" es la longitud máxima.

- **INT:** Almacena números enteros.

- **DECIMAL(p, s):** Almacena números decimales con precisión y escala, donde "p" es la precisión y "s" es la escala.

- **DATE:** Almacena fechas.

- **TIME:** Almacena horas del día.

La elección del tipo de dato adecuado es esencial para garantizar la integridad y la eficiencia de la base de datos. Por ejemplo, el uso de VARCHAR para almacenar nombres es apropiado, pero utilizarlo para almacenar fechas sería inadecuado.

Creación de Tablas

La creación de tablas es fundamental en SQL. Las tablas son las estructuras que almacenan los datos en una base de datos. Al crear una tabla, debes definir el nombre de la tabla, las columnas que contendrá y los tipos de datos que esas columnas pueden contener. Por ejemplo:

```sql
CREATE TABLE empleados (
    id INT,
    nombre VARCHAR(50),
    salario DECIMAL(10, 2)
);
```

En este ejemplo, estamos creando una tabla llamada "empleados" con tres columnas: "id," "nombre," y "salario."

Inserción de Datos

Una vez que tienes una tabla, necesitas insertar datos en ella. La declaración INSERT se utiliza para agregar registros a una tabla. Por ejemplo:

```sql
INSERT INTO empleados (id, nombre, salario)
VALUES (1, 'Juan', 50000);
```

Esto agregaría un nuevo empleado con un ID de 1, nombre "Juan," y un salario de 50,000 a la tabla de empleados.

Actualización y Eliminación de Datos

Las declaraciones UPDATE y DELETE se utilizan para modificar o eliminar registros existentes en una tabla. Por ejemplo, para aumentar el salario de un empleado, podrías usar:

```sql
UPDATE empleados
SET salario = salario + 1000
WHERE nombre = 'Juan';
```

Esto aumentaría el salario de todos los empleados llamados "Juan" en 1,000 unidades monetarias.

El conocimiento de estos conceptos básicos es esencial para comprender y trabajar efectivamente con SQL. A medida que avances en tu aprendizaje, estarás listo para explorar conceptos más avanzados y desafiantes.

Consultas SELECT avanzadas

Una vez que hemos establecido los fundamentos de SQL, es el momento de explorar las consultas SELECT avanzadas. En esta sección, nos sumergimos más profundamente en el mundo de la recuperación de datos y la transformación de información desde una base de datos. Nuestro objetivo es que comprendas estos conceptos y técnicas de manera clara y accesible, sin importar tu nivel de experiencia.

Subconsultas

Las subconsultas, también conocidas como consultas anidadas, son una característica poderosa de SQL. En esencia, una subconsulta es una consulta dentro de otra consulta. Estas consultas anidadas te permiten realizar tareas más complejas y precisas. Aquí tienes un ejemplo que demuestra cómo se utilizan las subconsultas:

- Supongamos que deseas encontrar a los empleados con el salario más alto en tu base de datos. Una consulta SQL para lograr esto podría verse así:

```sql
SELECT nombre, salario
FROM empleados
WHERE salario = (SELECT MAX(salario) FROM empleados);
```

En este caso, la subconsulta (SELECT MAX(salario) FROM empleados) encuentra el salario máximo en la tabla de empleados y la consulta principal selecciona los nombres y salarios de aquellos empleados cuyos salarios coinciden con el salario máximo encontrado por la subconsulta.

Funciones de Agregación

Las funciones de agregación son utilizadas para realizar cálculos en conjuntos de datos. Estas funciones, como SUM, AVG, COUNT, MIN y MAX, te permiten obtener información resumida de una columna. Aquí tienes un ejemplo sencillo:

- Supongamos que deseas calcular la suma total de los salarios de todos los empleados. Puedes usar la función SUM de la siguiente manera:

```sql
SELECT SUM(salario) AS "Total de Salarios"
FROM empleados;
```

La función SUM toma todos los valores de la columna "salario" en la tabla de empleados y calcula su suma total. El resultado se muestra en una sola fila de resultados con el alias "Total de Salarios".

Agrupación de Datos

La agrupación de datos te permite organizar resultados en grupos basados en los valores de una columna. Esta es una técnica fundamental para realizar análisis de datos y resumir información. Por ejemplo, supongamos que deseas saber cuántos empleados hay en cada departamento. Puedes lograrlo mediante la cláusula GROUP BY:

```sql
SELECT departamento, COUNT(*) AS "Número de Empleados"
FROM empleados
GROUP BY departamento;
```

Esta consulta agrupa los resultados por el valor de la columna "departamento" y luego cuenta cuántos empleados hay en cada grupo. Obtendrás una lista de departamentos y el número de empleados en cada uno.

Filtrado Avanzado con HAVING

La cláusula HAVING se utiliza en combinación con GROUP BY para aplicar condiciones a grupos de datos. Por ejemplo, si deseas encontrar departamentos con más de 5 empleados, puedes hacerlo de la siguiente manera:

```sql
SELECT departamento, COUNT(*) AS "Número de Empleados"
FROM empleados
GROUP BY departamento
HAVING COUNT(*) > 5;
```

En este caso, GROUP BY agrupa los resultados por departamento y HAVING filtra los grupos para mostrar solo aquellos con más de 5 empleados.

Estos son conceptos clave que te ayudarán a realizar consultas SELECT más avanzadas en SQL. A medida que te familiarices con estas técnicas, podrás abordar una variedad de tareas de análisis de datos y manipulación de información en bases de datos. Recuerda que la práctica es la clave para el dominio de estas habilidades, por lo que te alentamos a realizar ejercicios y experimentar con consultas para fortalecer tu comprensión.

Ejemplos prácticos para SELECT

Listado de Empleados

Supongamos que tienes una tabla llamada "empleados" con la información de los empleados de una empresa. Deseas crear un listado de todos los empleados, incluyendo sus nombres, fechas de contratación y salarios. La consulta SQL para esto sería:

```sql
SELECT nombre, fecha_contratacion, salario
FROM empleados;
```

Esta consulta selecciona las columnas "nombre," "fecha_contratacion" y "salario" de la tabla "empleados" y muestra los resultados en un listado.

Filtrado de Empleados por Departamento

Imagina que deseas obtener una lista de empleados que trabajan en el departamento de "Ventas." Puedes usar la cláusula WHERE para filtrar los resultados:

```sql
SELECT nombre, salario
FROM empleados
WHERE departamento = 'Ventas';
```

Esta consulta selecciona los nombres y salarios de los empleados cuyo departamento es "Ventas."

Resumen de Ventas por Producto

Supongamos que tienes una tabla "ventas" con información sobre ventas de productos. Quieres resumir las ventas totales por producto, mostrando el nombre del producto y la cantidad total vendida. Puedes lograrlo utilizando la función de agregación SUM y GROUP BY:

```sql
SELECT producto, SUM(cantidad) AS "Total Vendido"
FROM ventas
GROUP BY producto;
```

Esta consulta agrupa las ventas por producto y calcula la suma de la cantidad vendida para cada uno.

Filtrado de Ventas por Fecha

Imagina que deseas obtener las ventas realizadas en el mes de octubre de 2023. Puedes utilizar la cláusula WHERE con un filtro de fecha para lograrlo:

```
SELECT fecha, producto, cantidad
FROM ventas
WHERE fecha >= '2023-10-01' AND fecha <= '2023-10-31';
```

Esta consulta selecciona la fecha, el producto y la cantidad de las ventas que ocurrieron en octubre de 2023.

Resumen de Ventas por Departamento

Supongamos que tienes una tabla "empleados" con información sobre empleados, incluyendo su departamento, y una tabla "ventas" con información sobre las ventas. Deseas crear un resumen de las ventas totales realizadas por cada departamento. Puedes lograrlo mediante una consulta que combina la información de ambas tablas y utiliza GROUP BY:

```
SELECT e.departamento, SUM(v.cantidad) AS "Total Vendido"
FROM empleados e
JOIN ventas v ON e.id = v.id_empleado
GROUP BY e.departamento;
```

Esta consulta combina la información de las tablas "empleados" y "ventas" usando una operación JOIN y luego agrupa las ventas por departamento del empleado.

Estos ejemplos prácticos demuestran cómo puedes utilizar SELECT en situaciones del mundo real para recuperar datos, filtrar resultados y resumir información. A medida que practiques más y explores diferentes escenarios, desarrollarás una comprensión sólida de cómo aplicar SQL de manera efectiva para abordar diversas necesidades de gestión de datos.

Capítulo 2: Filtrado y Clasificación de Datos

Operadores lógicos y comparativos

Los operadores lógicos y comparativos son herramientas esenciales para realizar consultas SQL precisas y filtrar datos de manera específica en una base de datos. Vamos a explorar estos conceptos con ejemplos más detallados y comprensibles.

Operadores Lógicos

Los operadores lógicos se utilizan para combinar o modificar condiciones en una consulta SQL. Los operadores lógicos más comunes son:

- **AND:** Este operador devuelve filas donde ambas condiciones son verdaderas. Es decir, ambas condiciones deben cumplirse para que la fila sea seleccionada. Por ejemplo, si deseas encontrar empleados que trabajen en el departamento de "Ventas" y tengan un salario mayor a 50,000, puedes utilizar el operador AND de la siguiente manera:

```sql
SELECT nombre, salario
FROM empleados
WHERE departamento = 'Ventas' AND salario > 50000;
```

Esta consulta selecciona los empleados que cumplen con ambas condiciones: que trabajen en el departamento de "Ventas" y que tengan un salario superior a 50,000.

- **OR:** El operador OR devuelve filas donde al menos una de las condiciones es verdadera. Esto significa que una fila se seleccionará si cumple con cualquiera de las condiciones. Por ejemplo, si deseas encontrar empleados que trabajen en el departamento de "Ventas" o tengan un salario mayor a 50,000, puedes utilizar el operador OR de la siguiente manera:

```sql
SELECT nombre, salario
FROM empleados
WHERE departamento = 'Ventas' OR salario > 50000;
```

Esta consulta seleccionará los empleados que cumplen con al menos una de las condiciones, es decir, aquellos que trabajan en el departamento de "Ventas" o tienen un salario superior a 50,000.

- **NOT:** El operador NOT se utiliza para negar una condición. Devolverá filas que no cumplan con la condición especificada. Por ejemplo, si deseas encontrar empleados que NO trabajen en el departamento de "Ventas," puedes utilizar el operador NOT de la siguiente manera:

```sql
SELECT nombre, salario
FROM empleados
WHERE NOT departamento = 'Ventas';
```

Esta consulta seleccionará los empleados que no trabajen en el departamento de "Ventas."

Operadores Comparativos

Los operadores comparativos se utilizan para comparar valores en una condición y determinar si se cumple. Los operadores comparativos más comunes son:

- **= (Igual a):** Compara si dos valores son iguales. Por ejemplo, para encontrar productos con un precio igual a $100, puedes usar el operador igual (=) de la siguiente manera:

```sql
SELECT nombre, precio
FROM productos
WHERE precio = 100;
```

- **< (Menor que):** Compara si un valor es menor que otro. Por ejemplo, para encontrar productos con un precio menor a $50, puedes usar el operador menor que (<) de la siguiente manera:

```sql
SELECT nombre, precio
FROM productos
WHERE precio < 50;
```

- **> (Mayor que):** Compara si un valor es mayor que otro. Por ejemplo, para encontrar productos con un precio mayor a $200, puedes usar el operador mayor que (>) de la siguiente manera:

```
SELECT nombre, precio
FROM productos
WHERE precio > 200;
```

- **<= (Menor o igual que):** Compara si un valor es menor o igual a otro. Por ejemplo, para encontrar productos con un precio menor o igual a $30, puedes usar el operador menor o igual que (<=) de la siguiente manera:

```
SELECT nombre, precio
FROM productos
WHERE precio <= 30;
```

- **>= (Mayor o igual que):** Compara si un valor es mayor o igual a otro. Por ejemplo, para encontrar productos con un precio mayor o igual a $75, puedes usar el operador mayor o igual que (>=) de la siguiente manera:

```
SELECT nombre, precio
FROM productos
WHERE precio >= 75;
```

- **<> o != (Diferente de):** Compara si dos valores no son iguales. Por ejemplo, para encontrar productos con un precio diferente de $50, puedes usar el operador diferente de (<> o !=) de la siguiente manera:

```
SELECT nombre, precio
FROM productos
WHERE precio <> 50;
```

Estos operadores comparativos son fundamentales para establecer condiciones específicas en tus consultas SQL. Te permiten definir criterios de selección, comparando los valores de las columnas con valores específicos o con otras columnas de la base de datos. Combinados con operadores lógicos, puedes realizar filtrados altamente personalizables para recuperar los datos que necesitas de manera precisa.

Cláusula WHERE y ORDER BY

La cláusula WHERE y la cláusula ORDER BY son componentes esenciales de una consulta SQL. Vamos a profundizar en cada una de estas cláusulas para que las entiendas completamente.

Cláusula WHERE

La cláusula WHERE se utiliza para filtrar filas de una tabla en función de una o más condiciones especificadas. Esto significa que puedes restringir los resultados de una consulta SQL y obtener solo las filas que cumplan con ciertos criterios. Aquí hay una explicación más detallada de cómo funciona la cláusula WHERE:

- Operadores Comparativos: En la cláusula WHERE, se utilizan operadores comparativos (como "=", "<", ">", "<=", ">=", "<>", o "!") para establecer condiciones. Estos operadores se utilizan para comparar los valores de las columnas con valores específicos o con otras columnas de la base de datos.

- Condiciones Compuestas: Puedes combinar múltiples condiciones utilizando operadores lógicos como AND, OR y NOT. Esto te permite crear condiciones más complejas. Por ejemplo, puedes buscar empleados que trabajen en un departamento específico y tengan un salario superior a cierta cantidad utilizando la combinación de condiciones con AND.

Ejemplos:

- Para encontrar todos los empleados con un salario superior a 50,000:

```sql
SELECT nombre, salario
FROM empleados
WHERE salario > 50000;
```

- Para encontrar empleados que trabajan en el departamento de "Ventas":

```sql
SELECT nombre, salario
FROM empleados
WHERE departamento = 'Ventas';
```

- Para encontrar empleados que NO trabajen en el departamento de "Ventas":

```
SELECT nombre, salario
FROM empleados
WHERE NOT departamento = 'Ventas';
```

Cláusula ORDER BY

La cláusula ORDER BY se utiliza para ordenar los resultados de una consulta en función de una o más columnas. Puedes especificar si deseas ordenar los resultados en orden ascendente (ASC) o descendente (DESC). Aquí hay una explicación más detallada de cómo funciona la cláusula ORDER BY:

- Orden Ascendente y Descendente: Puedes ordenar los resultados en orden ascendente (el valor más bajo primero) utilizando ASC o en orden descendente (el valor más alto primero) utilizando DESC. Por defecto, se asume el orden ascendente si no se especifica nada.

- Orden por Múltiples Columnas: Puedes ordenar los resultados por múltiples columnas. La primera columna especificada en ORDER BY se utiliza como criterio principal, y si hay filas con el mismo valor en la primera columna, se utiliza la siguiente columna especificada como criterio secundario, y así sucesivamente.

Ejemplos:

- Para ordenar los productos por precio en orden ascendente:

```
SELECT nombre, precio
FROM productos
ORDER BY precio ASC;
```

- Para ordenar los empleados por salario en orden descendente y, en caso de empate en el salario, por antigüedad en orden ascendente:

```sql
SELECT nombre, salario, fecha_contratacion
FROM empleados
ORDER BY salario DESC, fecha_contratacion ASC;
```

Estas dos cláusulas, WHERE y ORDER BY, te proporcionan un control poderoso sobre tus consultas SQL. La cláusula WHERE te permite filtrar los datos, seleccionando solo las filas que cumplen con condiciones específicas, mientras que la cláusula ORDER BY te permite ordenar los resultados de manera personalizada para obtener la información en el formato deseado. La combinación de ambas cláusulas te brinda la flexibilidad necesaria para recuperar y presentar datos de manera precisa y organizada.

Ejemplos prácticos de filtrado y clasificación

Empleados por Salario

Supongamos que tienes una tabla llamada "empleados" con las columnas "nombre" y "salario." Para encontrar a todos los empleados que tienen un salario mayor a 60,000, puedes usar la cláusula WHERE de la siguiente manera:

```sql
SELECT nombre, salario
FROM empleados
WHERE salario > 60000;
```

Esto seleccionará y mostrará el nombre y el salario de los empleados que ganan más de 60,000.

Productos Agotados

Tienes una tabla llamada "productos" con las columnas "nombre" y "stock." Para encontrar todos los productos que tienen un stock igual a 0, puedes usar la cláusula WHERE de esta manera:

```sql
SELECT nombre
FROM productos
WHERE stock = 0;
```

Esto mostrará los nombres de los productos que están agotados.

Productos más Caros

Usando una tabla llamada "productos" con las columnas "nombre" y "precio," para encontrar los tres productos con los precios más altos y ordenarlos de manera descendente por precio, puedes usar la cláusula ORDER BY de la siguiente manera:

```sql
SELECT nombre, precio
FROM productos
ORDER BY precio DESC
LIMIT 3;
```

Esto seleccionará y mostrará los tres productos con los precios más altos en orden descendente.

Clientes de Alta Prioridad

Supongamos que tienes una tabla llamada "clientes" con las columnas "nombre" y "nivel_de_prioridad" (donde 1 es la prioridad más baja y 3 la más alta). Para encontrar todos los clientes de nivel de prioridad 3, puedes usar la cláusula WHERE de esta manera:

```sql
SELECT nombre
FROM clientes
WHERE nivel_de_prioridad = 3;
```

Esto mostrará los nombres de los clientes de alta prioridad.

Empleados por Departamento y Salario

Tienes una tabla "empleados" con las columnas "nombre," "departamento" y "salario." Para encontrar a todos los empleados que trabajan en el departamento de "Ventas" y tienen un salario mayor o igual a 40,000, puedes usar la cláusula WHERE y ORDER BY de la siguiente manera:

```sql
SELECT nombre, salario
FROM empleados
WHERE departamento = 'Ventas' AND salario >= 40000
ORDER BY salario DESC;
```

Esto seleccionará y mostrará los nombres y salarios de los empleados en el departamento de "Ventas" con salarios mayores o iguales a 40,000, ordenados por salario en orden descendente.

Pedidos Recientes

Supongamos que tienes una tabla "pedidos" con las columnas "número_de_pedido" y "fecha_de_pedido." Para encontrar todos los pedidos realizados en los últimos 30 días y ordenarlos por fecha de pedido en orden ascendente, puedes usar la cláusula WHERE y ORDER BY de la siguiente manera:

```sql
SELECT número_de_pedido, fecha_de_pedido
FROM pedidos
WHERE fecha_de_pedido >= DATE_SUB(CURDATE(), INTERVAL 30 DAY)
ORDER BY fecha_de_pedido ASC;
```

Esto seleccionará y mostrará los números de pedido y fechas de pedido de los pedidos realizados en los últimos 30 días, ordenados por fecha de pedido en orden ascendente.

Clientes sin Compras

Tienes una tabla "clientes" con las columnas "nombre" y una tabla "compras" con las columnas "id_cliente" y "fecha_de_compra." Para encontrar todos los clientes que no han realizado compras, puedes utilizar una consulta con LEFT JOIN y la condición IS NULL de la siguiente manera:

```sql
SELECT c.nombre
FROM clientes c
LEFT JOIN compras co ON c.id = co.id_cliente
WHERE co.id_cliente IS NULL;
```

Esto seleccionará y mostrará los nombres de los clientes que no tienen compras registradas en la tabla "compras."

Estos ejemplos prácticos te ayudarán a comprender cómo utilizar la cláusula WHERE para filtrar datos y la cláusula ORDER BY para ordenar resultados en consultas SQL. Puedes adaptar y ejecutar estas consultas en tu base de datos para obtener los resultados deseados en situaciones del mundo real.

Capítulo 3: Joins y Relaciones de Tablas

Introducción a los Joins

La introducción a los "joins" es el primer paso para comprender cómo combinar datos de múltiples tablas en SQL. Los "joins" son una característica fundamental de las bases de datos relacionales y permiten reunir información de varias tablas para obtener una vista completa de los datos. A continuación, profundizaremos en este concepto.

¿Qué son los Joins?

En SQL, un "join" es una operación que se utiliza para combinar filas de dos o más tablas en una sola vista de datos. Estas operaciones son esenciales en bases de datos relacionales, donde la información se organiza en múltiples tablas con relaciones entre ellas. Los "joins" permiten conectar estos datos relacionados y extraer información relevante.

Imagina una base de datos de una tienda en línea. Puede haber una tabla para los productos, otra para los clientes y otra para las compras. Si deseas mostrar una lista de todas las compras con los nombres de los productos y los nombres de los clientes en lugar de identificadores numéricos, necesitas combinar información de estas tres tablas. Aquí es donde entran en juego los "joins."

Ventajas de los Joins:

- **Datos Completos:** Los "joins" te permiten acceder a información completa y significativa al combinar datos de múltiples fuentes.

- **Optimización del Almacenamiento:** Al dividir datos en varias tablas, se ahorra espacio y se evita la duplicación de información.

- **Mejora del Rendimiento:** Permite consultar y acceder a datos más rápidamente al utilizar índices y optimizar el rendimiento.

Tipos de Joins:

En SQL, existen varios tipos de "joins" comunes:

1. **INNER JOIN:** Este "join" devuelve solo las filas que tienen coincidencias en ambas tablas. Si no hay una coincidencia en ambas tablas, la fila se excluye del resultado.

2. **LEFT JOIN:** Un "left join" devuelve todas las filas de la tabla de la izquierda (tabla principal) y las filas coincidentes de la tabla de la derecha (tabla secundaria). Si no hay coincidencia en la tabla de la derecha, se devuelven valores nulos.

3. **RIGHT JOIN:** Un "right join" es similar al "left join," pero devuelve todas las filas de la tabla de la derecha (tabla secundaria) y las filas coincidentes de la tabla de la izquierda (tabla principal). Si no hay coincidencia en la tabla de la izquierda, se devuelven valores nulos.

4. **FULL OUTER JOIN:** Un "full outer join" devuelve todas las filas de ambas tablas y completa con valores nulos en caso de que no haya coincidencias.

Los "joins" te permiten explorar y aprovechar la riqueza de los datos almacenados en bases de datos relacionales. A medida que profundices en los diferentes tipos de "joins" y las situaciones en las que se utilizan, podrás utilizar esta poderosa herramienta para extraer información significativa y útil de tus bases de datos.

INNER JOIN, LEFT JOIN, RIGHT JOIN

INNER JOIN: Combinación de Coincidencias

El INNER JOIN es uno de los tipos de "joins" más utilizados en SQL. Su función principal es combinar filas de dos tablas basadas en un criterio de coincidencia. Aquí hay una explicación detallada de cómo funciona:

- El INNER JOIN devuelve sólo las filas que tienen coincidencias en ambas tablas. Si no hay una coincidencia en ambas tablas, la fila se excluye del resultado.

Ejemplo de INNER JOIN:

Supongamos que tienes dos tablas: "clientes" y "compras," y deseas combinar datos para obtener una lista de todas las compras realizadas por los clientes. La columna que se utiliza como criterio de coincidencia es "id_cliente."

```sql
SELECT clientes.nombre, compras.producto
FROM clientes
INNER JOIN compras ON clientes.id = compras.id_cliente;
```

Este INNER JOIN combina las filas de ambas tablas solo para los clientes que han realizado compras. Si un cliente no ha realizado ninguna compra, no aparecerá en el resultado.

LEFT JOIN: Inclusión de Todas las Filas de la Tabla Izquierda

El LEFT JOIN es útil cuando deseas incluir todas las filas de la tabla de la izquierda (tabla principal) y las filas coincidentes de la tabla de la derecha (tabla secundaria). Si no hay coincidencia en la tabla de la derecha, se devuelven valores nulos en las columnas correspondientes.

Ejemplo de LEFT JOIN:

Supongamos que tienes dos tablas: "empleados" y "proyectos," y deseas obtener una lista de todos los empleados y los proyectos a los que están asignados. Algunos empleados pueden no estar asignados a ningún proyecto.

```sql
SELECT empleados.nombre, proyectos.nombre AS proyecto_asignado
FROM empleados
LEFT JOIN proyectos ON empleados.id = proyectos.id_empleado;
```

Este LEFT JOIN incluirá a todos los empleados, incluso si no están asignados a ningún proyecto. En este caso, los valores de "proyecto_asignado" serán nulos para los empleados no asignados.

RIGHT JOIN: Inclusión de Todas las Filas de la Tabla Derecha

El RIGHT JOIN es similar al LEFT JOIN, pero devuelve todas las filas de la tabla de la derecha (tabla secundaria) y las filas coincidentes de la tabla de la izquierda (tabla principal). Si no hay coincidencia en la tabla de la izquierda, se devuelven valores nulos en las columnas correspondientes.

Ejemplo de RIGHT JOIN:

Supongamos que tienes las mismas tablas "empleados" y "proyectos" que en el ejemplo anterior, pero deseas obtener una lista de todos los proyectos y los empleados asignados a cada proyecto.

```sql
SELECT proyectos.nombre AS nombre_proyecto, empleados.nombre AS empleado_asignado
FROM proyectos
RIGHT JOIN empleados ON proyectos.id_empleado = empleados.id;
```

Este RIGHT JOIN incluirá todos los proyectos, incluso si no tienen empleados asignados. En este caso, los valores de "empleado_asignado" serán nulos para los proyectos sin asignación de empleados.

Joins múltiples y anidados

Los "joins" múltiples y anidados son técnicas avanzadas que te permiten combinar datos de más de dos tablas en una sola consulta. Estas estrategias son fundamentales cuando trabajas con bases de datos complejas que almacenan información en varias tablas relacionadas. Aquí te explico con detalle cómo funcionan estos conceptos.

Joins Múltiples (Multiple Joins)

Cuando necesitas combinar datos de tres o más tablas, puedes realizar "joins" múltiples. Los "joins" múltiples te permiten unir filas de varias tablas en una sola consulta SQL. Esto se hace especificando múltiples cláusulas JOIN en la consulta.

Ejemplo de Multiple Joins

Supongamos que tienes tres tablas: "empleados," "proyectos," y "tareas." Quieres obtener una lista de empleados, junto con los proyectos a los que están asignados y las tareas que deben completar en cada proyecto.

```sql
SELECT empleados.nombre, proyectos.nombre AS proyecto, tareas.nombre AS tarea
FROM empleados
LEFT JOIN proyectos ON empleados.id = proyectos.id_empleado
LEFT JOIN tareas ON proyectos.id = tareas.id_proyecto;
```

En este ejemplo, hemos utilizado dos cláusulas LEFT JOIN para combinar datos de tres tablas diferentes. Primero, unimos la tabla "empleados" con la tabla "proyectos" según el campo "id_empleado," y luego unimos la tabla "proyectos" con la tabla "tareas" según el campo "id_proyecto." Esto nos da una lista de empleados, proyectos y tareas relacionadas.

Joins Anidados (Nested Joins)

Los "joins" anidados implican combinar dos o más tablas mediante subconsultas o consultas anidadas. Esto es útil cuando deseas combinar datos de manera compleja y controlada.

Ejemplo de Nested Joins:

Supongamos que tienes tres tablas: "clientes," "pedidos," y "productos." Quieres obtener una lista de todos los clientes que han realizado un pedido y los nombres de los productos en esos pedidos.

```sql
SELECT clientes.nombre, pedidos.id AS numero_de_pedido, productos.nombre AS producto
FROM clientes
JOIN (
    pedidos
    JOIN productos ON pedidos.id_producto = productos.id
) ON clientes.id = pedidos.id_cliente;
```

En este ejemplo, hemos utilizado un "join" anidado. Primero, combinamos la tabla "pedidos" con la tabla "productos" para obtener los nombres de los productos en los pedidos. Luego, combinamos este resultado con la tabla "clientes" para obtener la lista completa de clientes que han realizado pedidos y los productos en esos pedidos.

Ejemplos de combinación de datos

Combinación de Empleados y Departamentos

Supongamos que tienes dos tablas: "empleados" y "departamentos." Deseas obtener una lista de empleados junto con el departamento en el que trabajan. Las tablas se ven de la siguiente manera:

Tabla "empleados":

id	nombre	id_depart
1	Juan	2
2	Maria	1
3	Pedro	1
4	Laura	3

Tabla "departamentos":

id_depart	nombre
1	Ventas
2	Marketing
3	IT

Puedes combinar estos datos utilizando un INNER JOIN:

```sql
SELECT empleados.nombre, departamentos.nombre AS departamento
FROM empleados
INNER JOIN departamentos ON empleados.id_depart = departamentos.id_depart;
```

El resultado sería una lista de empleados y los departamentos en los que trabajan:

nombre	departamento
Juan	Marketing
Maria	Ventas
Pedro	Ventas
Laura	IT

Combinación de Clientes, Compras y Productos

Imagina que tienes tres tablas: "clientes," "compras," y "productos." Quieres obtener una lista de todas las compras realizadas por los clientes, incluyendo el nombre del cliente y el nombre del producto. Las tablas se ven así:

Tabla "clientes":

id	nombre
1	Ana
2	Carlos
3	Laura

Tabla "compras":

id	id_cli	id_prod
1	1	2
2	2	1
3	3	3

Tabla "productos":

id_prod	nombre
1	Libro
2	Laptop
3	Mesa

Puedes combinar estos datos utilizando varios "joins":

```sql
SELECT clientes.nombre, productos.nombre AS producto
FROM clientes
JOIN compras ON clientes.id = compras.id_cli
JOIN productos ON compras.id_prod = productos.id_prod;
```

El resultado sería una lista de todas las compras realizadas por los clientes, con el nombre del cliente y el nombre del producto:

nombre	producto
Ana	Laptop
Carlos	Libro
Laura	Mesa

Capítulo 4: Subconsultas y Expresiones Comunes de Tabla (CTE)

Subconsultas escalar y de tabla

En SQL, las subconsultas son consultas que se encuentran dentro de otra consulta principal. Estas subconsultas pueden devolver un solo valor (subconsulta escalar) o un conjunto de resultados (subconsulta de tabla) y se utilizan para complementar o refinar las consultas principales. Veamos con más detalle estos dos tipos de subconsultas.

Subconsulta Escalar

Una subconsulta escalar devuelve un solo valor y se utiliza en una expresión de la consulta principal. Estas subconsultas suelen utilizarse en las cláusulas WHERE, HAVING o SELECT para filtrar datos o calcular valores basados en la consulta principal.

Ejemplo de Subconsulta Escalar:

Supongamos que tienes una tabla de empleados y deseas encontrar a los empleados cuyos salarios superan el salario promedio en la empresa. Puedes usar una subconsulta escalar para calcular el salario promedio y compararlo con los salarios de los empleados en la consulta principal:

```sql
SELECT nombre, salario
FROM empleados
WHERE salario > (SELECT AVG(salario) FROM empleados);
```

En este ejemplo, la subconsulta (SELECT AVG(salario) FROM empleados) calcula el salario promedio en la tabla "empleados" y se compara con el salario de cada empleado en la consulta principal. Los empleados cuyos salarios superan el promedio se incluirán en los resultados.

Subconsulta de Tabla

Una subconsulta de tabla devuelve un conjunto de resultados, que se trata como una tabla temporal. Estas subconsultas se utilizan en las cláusulas FROM o JOIN para obtener datos relacionados con la consulta principal.

Ejemplo de Subconsulta de Tabla:

Supongamos que tienes una tabla de empleados y otra tabla de proyectos, y deseas obtener una lista de empleados junto con los proyectos en los que están trabajando. Puedes usar una subconsulta de tabla para obtener los proyectos relacionados con cada empleado:

```sql
SELECT nombre, (SELECT GROUP_CONCAT(nombre_proyecto) FROM proyectos
       WHERE id_empleado = empleados.id) AS proyectos_asignados
FROM empleados;
```

En este ejemplo, la subconsulta (SELECT GROUP_CONCAT(nombre_proyecto) FROM proyectos WHERE id_empleado = empleados.id) obtiene los proyectos relacionados con cada empleado en la consulta principal. Esto se logra comparando el campo "id_empleado" en ambas tablas.

Las subconsultas escalares y de tabla son herramientas poderosas que te permiten realizar consultas más complejas y obtener resultados específicos en SQL. Comprender cuándo y cómo usar cada tipo de subconsulta te ayudará a escribir consultas más eficientes y efectivas.

Expresiones Comunes de Tabla (CTE)

Las Expresiones Comunes de Tabla (CTE por sus siglas en inglés, Common Table Expressions) son una característica de SQL que te permite definir y utilizar tablas temporales dentro de una consulta. Las CTEs son útiles para dividir consultas complejas en partes más manejables, lo que mejora la legibilidad del código y facilita el mantenimiento de consultas complejas.

Estructura y Uso de CTE

Las CTEs se crean utilizando la palabra clave WITH seguida por un nombre para la CTE, y luego se define como si fuera una consulta SELECT. Esta CTE se puede referenciar en la consulta principal que le sigue a continuación del WITH.

Sintaxis Básica de una CTE

```sql
WITH NombreCTE AS (
    -- Definición de la CTE (consulta SELECT)
    SELECT columnas
    FROM tabla
    WHERE condiciones
)
-- Consulta principal que utiliza la CTE
SELECT columnas
FROM NombreCTE
WHERE condiciones;
```

Ejemplo de Uso de CTE:

Supongamos que tienes una tabla de ventas y deseas calcular el total de ventas mensuales para cada producto. Puedes utilizar una CTE para calcular las ventas mensuales y luego unir ese resultado con los detalles de los productos.

```sql
WITH VentasMensuales AS (
    SELECT producto_id, DATE_TRUNC('month', fecha) AS mes, SUM(monto) AS total_mensual
    FROM ventas
    GROUP BY producto_id, mes
)
SELECT productos.nombre, VentasMensuales.mes, VentasMensuales.total_mensual
FROM productos
LEFT JOIN VentasMensuales ON productos.id = VentasMensuales.producto_id;
```

En este ejemplo, la CTE se llama "VentasMensuales". Define una consulta que calcula las ventas mensuales por producto y mes. La consulta principal luego utiliza esta CTE para mostrar el nombre del producto, el mes y el total mensual de ventas.

Ventajas de las CTE

1. **Legibilidad del Código:** Permite separar la lógica de la consulta en partes más manejables y comprensibles.

2. **Reutilización:** Puedes usar la misma CTE en varias partes de la consulta principal, evitando la repetición de código.

3. **Mantenimiento y Depuración:** Facilita la identificación y corrección de errores al dividir consultas complejas en secciones más pequeñas.

Las CTEs son una herramienta poderosa en SQL que facilita la escritura de consultas complejas al dividirlas en partes más simples y fáciles de comprender. Son especialmente útiles cuando trabajas con consultas que requieren lógica más elaborada o con múltiples etapas de procesamiento de datos.

Ejemplos de subconsultas y CTE

Subconsulta Escalar

Supongamos que tienes una tabla de empleados y deseas encontrar el nombre del empleado con el salario más alto. Puedes utilizar una subconsulta escalar de la siguiente manera:

```sql
SELECT nombre
FROM empleados
WHERE salario = (SELECT MAX(salario) FROM empleados);
```

En este ejemplo, la subconsulta (SELECT MAX(salario) FROM empleados) calcula el salario más alto de la tabla "empleados" y lo compara con los salarios de cada empleado en la consulta principal. Esto devolverá el nombre del empleado con el salario más alto.

Subconsulta de Tabla

Supongamos que tienes una tabla de productos y una tabla de pedidos. Quieres obtener una lista de productos junto con la cantidad total de cada producto que se ha pedido. Puedes usar una subconsulta de tabla para lograrlo:

```sql
SELECT p.nombre, (SELECT SUM(od.cantidad) FROM ordenes_detalle od
        WHERE od.id_producto = p.id) AS cantidad_total
FROM productos p;
```

En este ejemplo, la subconsulta (SELECT SUM(od.cantidad) FROM ordenes_detalle od WHERE od.id_producto = p.id) calcula la cantidad total de cada producto en función de los registros en la tabla "ordenes_detalle." La consulta principal muestra el nombre del producto junto con la cantidad total.

CTE

Supongamos que deseas obtener una lista de empleados junto con el total de ventas que han realizado. Puedes utilizar una CTE para calcular el total de ventas por empleado y luego combinarlo con los detalles de los empleados:

```sql
WITH VentasPorEmpleado AS (
    SELECT id_empleado, SUM(monto) AS total_ventas
    FROM ventas
    GROUP BY id_empleado
)
SELECT e.nombre, COALESCE(vp.total_ventas, 0) AS total_ventas
FROM empleados e
LEFT JOIN VentasPorEmpleado vp ON e.id = vp.id_empleado;
```

En este ejemplo, la CTE "VentasPorEmpleado" calcula el total de ventas por empleado. Luego, se combina con la tabla "empleados" utilizando un LEFT JOIN para obtener el nombre del empleado y el total de ventas. La función COALESCE se utiliza para manejar empleados que no tienen ventas registradas.

Capítulo 5: Optimización de Consultas SQL

Uso de índices

Los índices en bases de datos son estructuras optimizadas que aceleran la búsqueda y recuperación de datos. Comprender cómo funcionan y cuándo utilizarlos es fundamental para mejorar el rendimiento de consultas en bases de datos grandes.

¿Qué son los Índices?

Los índices en una base de datos son similares a los índices en un libro, ya que aceleran la búsqueda. En lugar de leer toda la tabla para encontrar filas específicas, un índice proporciona un acceso más rápido a los datos al organizar los valores de ciertas columnas en una estructura especial.

Funcionamiento de los Índices

Imagina una lista alfabética de nombres en un libro: si buscas un nombre específico, puedes ir directamente a esa sección alfabética y encontrar la página. En una base de datos, un índice funciona de manera similar: acelera la búsqueda al ordenar y estructurar los datos de una manera que facilita la ubicación rápida de la información.

Cuándo Utilizar Índices

- Columnas utilizadas frecuentemente en cláusulas WHERE o JOIN son candidatas para indexación.

- Columnas con valores únicos o columnas que a menudo se usan para ordenar y agrupar.

Creación y Tipos de Índices

En SQL, puedes crear índices utilizando sentencias como CREATE INDEX. Los tipos de índices comunes incluyen:

1. **Índices B-Tree:** Son los más comunes y eficientes para la mayoría de los casos. Aceleran la búsqueda en columnas individuales o conjuntos de columnas.

2. **Índices Hash:** Se utilizan para mejorar la velocidad de búsqueda en columnas específicas pero pueden ser más limitados en sus aplicaciones.

3. **Índices de Texto Completo:** Ideales para búsquedas de texto, como en motores de búsqueda o aplicaciones que manejan datos de texto complejo.

Consideraciones al Usar Índices

- El exceso de indexación puede ralentizar las operaciones de escritura (INSERT, UPDATE, DELETE) ya que los índices deben actualizarse con cada cambio.

- Mantener índices adicionales conlleva un costo de almacenamiento, por lo que es importante equilibrar la optimización con la sobrecarga de almacenamiento.

Evaluación de la Eficacia de los Índices

Es esencial analizar y evaluar el rendimiento de las consultas antes y después de crear índices. Herramientas de análisis de ejecución de consultas y estadísticas de la base de datos pueden ayudar a determinar si un índice mejora el rendimiento.

El uso eficaz de índices es una técnica clave para mejorar el rendimiento en bases de datos grandes. Se trata de encontrar un equilibrio entre la optimización de consultas y el impacto en las operaciones de escritura y el almacenamiento, maximizando la eficiencia de las consultas sin comprometer el rendimiento general del sistema.

Optimización de consultas complejas

Las consultas SQL pueden volverse complejas en bases de datos grandes o con múltiples tablas involucradas. La optimización de consultas complejas es esencial para garantizar un rendimiento eficiente en tus aplicaciones. Aquí se exploran estrategias para abordar esta tarea de manera efectiva:

Revisión y Refactorización de Consultas Existentes

1. **Identificación de Consultas Ineficientes:** El primer paso es identificar consultas que puedan estar afectando negativamente el rendimiento. Esto se puede lograr mediante el monitoreo y la revisión de las consultas existentes.

2. **Refactorización de Consultas:** Una vez identificadas las consultas ineficientes, se procede a refactorizarlas. Esto implica modificar la consulta de manera que sea más eficiente en términos de tiempo de ejecución y recursos utilizados.

3. **Uso de Índices:** Como se mencionó anteriormente, el uso adecuado de índices puede mejorar significativamente el rendimiento de las consultas. Asegúrate de que las columnas relevantes estén indexadas.

Utilización de Subconsultas Eficientes

1. **Subconsultas Correlacionadas:** Evita el uso excesivo de subconsultas correlacionadas, que pueden ser ineficientes. En su lugar, busca formas de reescribir la consulta para evitar la correlación o utilizar "joins".

2. **Optimización de Subconsultas:** Asegúrate de que las subconsultas sean lo más eficientes posible. Esto incluye seleccionar las columnas necesarias y aplicar índices cuando sea relevante.

Análisis del Plan de Ejecución de Consultas

1. **Plan de Ejecución:** Comprende cómo funciona el motor de base de datos al ejecutar tus consultas. Puedes utilizar la instrucción "EXPLAIN" o su equivalente en tu sistema de gestión de bases de datos para ver el plan de ejecución de una consulta y cómo se acceden y filtran los datos.

2. **Índices y Estadísticas:** Analiza si el plan de ejecución utiliza los índices correctamente. Si observas un escaneo completo de una tabla en lugar de un acceso a índices, puede ser una señal de que los índices no se están utilizando eficientemente.

Consideración de la Normalización de Bases de Datos

1. **Normalización:** En ocasiones, la normalización de datos puede ayudar a optimizar consultas al reducir la duplicación de datos y mejorar la estructura de la base de datos. Sin embargo, la normalización también puede complicar las consultas, por lo que se debe encontrar un equilibrio.

2. **Denormalización:** En algunos casos, la denormalización, que implica agregar redundancia controlada de datos, puede mejorar el rendimiento al reducir la necesidad de realizar "joins" complejos en consultas.

La optimización de consultas complejas es un proceso continuo que implica la identificación de problemas de rendimiento, la refactorización de consultas, la revisión de planes de ejecución y la consideración de la estructura de la base de datos. Comprender estos conceptos y aplicar estrategias de optimización te ayudará a garantizar que tus aplicaciones funcionen de manera eficiente, incluso con bases de datos complejas y grandes.

Estrategias de rendimiento

Las estrategias de rendimiento en bases de datos SQL son técnicas y prácticas destinadas a mejorar la eficiencia, la velocidad y el rendimiento general de las consultas y operaciones en una base de datos. Estas estrategias abordan la optimización del rendimiento para garantizar que las consultas se ejecuten de manera rápida y eficiente, especialmente en entornos donde el volumen de datos es considerable. Aquí se detallan algunas estrategias clave:

Uso de Almacenamiento en Caché

- Almacenamiento de Consultas y Resultados: El almacenamiento en caché de consultas y resultados previamente ejecutados puede acelerar las consultas futuras. Las bases de datos a menudo tienen mecanismos de caché incorporados para optimizar el rendimiento.

Configuración y Ajuste del Servidor de Bases de Datos

- Ajustes de Configuración del Servidor: Configurar correctamente parámetros de la base de datos como el tamaño de la memoria, el paralelismo, el tamaño del búfer, etc., puede mejorar significativamente el rendimiento.

Separación de Lecturas y Escrituras

- División de Operaciones de Lectura y Escritura: En entornos de alto rendimiento, separar operaciones de lectura y escritura en diferentes instancias o servidores puede mejorar el rendimiento global de la base de datos.

Particionamiento de Tablas

- División de Datos en Particiones: Particionar tablas grandes puede mejorar el rendimiento al dividir físicamente los datos en secciones más pequeñas, lo que facilita la gestión y optimiza las consultas.

Índices Eficientes

- Creación y Mantenimiento de Índices Adecuados: La creación y el mantenimiento de índices adecuados son esenciales para acelerar las búsquedas y las operaciones en la base de datos.

Optimización de Consultas Complejas

- Mejora de Consultas y Procedimientos Almacenados: Revisar y mejorar consultas complejas, identificar y refactorizar aquellas que son ineficientes puede mejorar el rendimiento general de la base de datos.

Optimización de Código de Aplicaciones

- Revisión y Mejora del Código de Aplicaciones: Los códigos de las aplicaciones que interactúan con la base de datos también pueden afectar el rendimiento. Revisar y mejorar los códigos que realizan consultas puede impactar positivamente en el rendimiento.

Monitoreo Continuo

- Monitoreo y Ajuste Constante: Realizar un monitoreo constante del rendimiento y ajustar según sea necesario es fundamental para asegurar que la base de datos funcione de manera óptima.

Las estrategias de rendimiento son fundamentales para garantizar que una base de datos funcione de manera eficiente y rápida. A menudo, se aplican una serie de estas estrategias en conjunto para lograr un rendimiento óptimo en una base de datos. Es esencial entender la naturaleza de los datos, el modelo de la base de datos y el volumen de operaciones para implementar estrategias específicas y mejorar el rendimiento general.

Ejemplos de optimización

Aquí te proporcionaré un ejemplo de optimización de consultas SQL utilizando varias estrategias para mejorar el rendimiento. Supongamos que tenemos una base de datos de una tienda en línea con dos tablas: "productos" y "ventas." El objetivo es obtener una lista de productos más vendidos en el último mes.

Primero, echemos un vistazo a una consulta inicial ineficiente y luego la optimizaremos paso a paso:

Consulta Ineficiente

```sql
SELECT productos.nombre, COUNT(*) AS cantidad_vendida
FROM productos
JOIN ventas ON productos.id = ventas.producto_id
WHERE DATE_PART('month', ventas.fecha) = DATE_PART('month', NOW() - INTERVAL '1 month')
GROUP BY productos.nombre
ORDER BY cantidad_vendida DESC
LIMIT 10;
```

Esta consulta inicial funciona, pero es ineficiente y puede ralentizar la base de datos en tablas grandes. Ahora, optimicemos la consulta:

Consulta Optimizada

1. Utilización de un Índice de Fecha:

    - Creamos un índice en la columna "fecha" de la tabla "ventas" para acelerar las búsquedas basadas en fechas.

2. Aprovechamiento de una CTE:

    - Creamos una CTE llamada "VentasDelUltimoMes" para filtrar las ventas del último mes, en lugar de calcular la fecha en cada fila.

3. Agregación Eficaz y Índices de Producto:

    - Aprovechamos un índice en la columna "producto_id" de la tabla "ventas" para mejorar la velocidad de agregación.

```sql
-- Crear un índice en la columna "fecha" de la tabla "ventas"
CREATE INDEX idx_fecha ON ventas(fecha);

-- Consulta optimizada
WITH VentasDelUltimoMes AS (
  SELECT producto_id
  FROM ventas
  WHERE fecha >= NOW() - INTERVAL '1 month'
)
SELECT p.nombre, COUNT(*) AS cantidad_vendida
FROM productos p
JOIN VentasDelUltimoMes v ON p.id = v.producto_id
GROUP BY p.nombre
ORDER BY cantidad_vendida DESC
LIMIT 10;
```

Esta consulta optimizada aprovecha un índice en la tabla de ventas, evita cálculos innecesarios y utiliza una CTE para filtrar las ventas del último mes. Esto mejora significativamente el rendimiento y reduce la carga en la base de datos, especialmente en tablas de gran tamaño.

La optimización de consultas es esencial para garantizar un rendimiento óptimo en aplicaciones basadas en bases de datos. Al aplicar estrategias como la creación de índices, el uso de CTE y la optimización de agregaciones, puedes lograr consultas más eficientes y mejor rendimiento en tu sistema.

Capítulo 6: Transacciones y Control de la Concurrencia

Introducción a las transacciones

¿Qué son las Transacciones?

En el contexto de bases de datos, una transacción representa una serie de operaciones que se consideran una unidad lógica e indivisible de trabajo. Estas operaciones deben ejecutarse como una única entidad, lo que significa que todas ellas se llevan a cabo completamente o ninguna se ejecuta en absoluto. Una transacción asegura la integridad y consistencia de los datos, especialmente en entornos multiusuario, donde varias operaciones se llevan a cabo al mismo tiempo.

Propiedades ACID de las Transacciones

Las transacciones se rigen por el principio de las propiedades ACID:

- **Atomicidad (Atomicity):** Una transacción es atómica, lo que significa que todas sus operaciones se realizan como una unidad completa. Si una operación falla, todas las operaciones dentro de la transacción se deshacen (rollback), lo que evita dejar la base de datos en un estado inconsistente.

- **Consistencia (Consistency):** Las transacciones deben dejar la base de datos en un estado válido. Cada transacción debe mantener la integridad y las restricciones de la base de datos, evitando cambios que puedan dejar los datos en un estado no válido.

- **Aislamiento (Isolation):** Las transacciones deben ejecutarse de manera independiente y aislada unas de otras. Esto evita que los efectos de una transacción se reflejen en otras hasta que se complete.

- **Durabilidad (Durability):** Una vez que una transacción se completa, sus cambios deben ser permanentes y persistir aunque ocurra un fallo del sistema. Los cambios deben ser duraderos y no pueden revertirse automáticamente.

Inicio y Finalización de Transacciones

En SQL, el inicio de una transacción se puede realizar utilizando comandos como BEGIN TRANSACTION, START TRANSACTION o simplemente BEGIN. La finalización de una transacción se logra con COMMIT para confirmar los cambios y hacerlos permanentes, o con ROLLBACK para deshacer los cambios y restaurar el estado anterior.

Un ejemplo simple de una transacción sería:

```sql
BEGIN TRANSACTION;

-- Aquí se realizan una serie de operaciones

IF (condición_de_error) THEN
    ROLLBACK; -- Deshacer la transacción si hay un error
ELSE
    COMMIT; -- Confirmar y hacer permanentes los cambios
END IF;
```

Las transacciones garantizan la coherencia y la integridad de los datos, asegurando que incluso en situaciones de fallo o conflictos concurrentes, la base de datos se mantenga en un estado coherente y válido. Estos principios son fundamentales para mantener la fiabilidad de los datos en aplicaciones críticas.

Control de concurrencia y bloqueo

El control de concurrencia y el bloqueo son conceptos críticos en bases de datos multiusuario. La concurrencia se refiere a la capacidad de múltiples usuarios o procesos de acceder y modificar simultáneamente la base de datos. El control de concurrencia se encarga de manejar estos accesos concurrentes para asegurar que las transacciones se ejecuten de manera consistente y sin interferencias entre ellas. El bloqueo es una técnica utilizada para controlar la concurrencia, evitando que varias transacciones accedan o modifiquen los mismos datos al mismo tiempo.

Concurrencia en Bases de Datos

Cuando múltiples usuarios acceden a una base de datos simultáneamente, existe la posibilidad de que las transacciones se interfieran entre sí. Esto puede conducir a problemas como la pérdida de actualizaciones, lecturas incorrectas o la corrupción de datos si no se manejan de manera adecuada.

Bloqueo y Exclusión Mutua

El bloqueo es un mecanismo que asegura la exclusión mutua, es decir, impide que dos transacciones accedan a los mismos datos al mismo tiempo. Cuando una transacción realiza una operación, puede bloquear los datos con la intención de evitar que otras transacciones realicen operaciones conflictivas hasta que se complete.

Existen diferentes tipos de bloqueo:

- **Bloqueo de lectura (Read Lock):** Permite que varias transacciones lean los datos, pero no permite que otra transacción los modifique hasta que la lectura esté completa.

- **Bloqueo de escritura (Write Lock):** Cuando una transacción está modificando los datos, se coloca un bloqueo de escritura para evitar que otras transacciones lean o escriban esos datos hasta que la operación se complete.

Niveles de Aislamiento

Los sistemas de gestión de bases de datos (SGBD) ofrecen diferentes niveles de aislamiento para controlar el acceso a los datos entre transacciones concurrentes. Estos niveles, como READ UNCOMMITTED, READ COMMITTED, REPEATABLE READ, SERIALIZABLE, definen cómo las transacciones interactúan y acceden a los datos.

Por ejemplo, en un nivel de aislamiento SERIALIZABLE, se garantiza que ninguna transacción pueda interferir con otra transacción. Aunque esto asegura la integridad de los datos, puede resultar en una mayor espera o bloqueo, lo que afecta el rendimiento.

Conflictos y Manejo de Bloqueos

Los conflictos pueden ocurrir cuando dos transacciones intentan acceder o modificar los mismos datos al mismo tiempo. El manejo de bloqueos y la resolución de conflictos son críticos para evitar situaciones de bloqueo prolongado o deadlocks, donde dos transacciones se bloquean entre sí y ninguna puede continuar.

Los sistemas de bases de datos manejan los conflictos y bloqueos mediante la concesión y liberación de bloqueos de manera estratégica. Si se produce un bloqueo, la base de datos puede decidir esperar o abortar una transacción, revertir cambios y permitir que otra transacción proceda.

El control de concurrencia y el bloqueo son estrategias fundamentales para garantizar la integridad de los datos en entornos multiusuario. Sin embargo, es crucial encontrar un equilibrio entre el nivel de aislamiento y el rendimiento, ya que niveles de aislamiento más altos pueden afectar la concurrencia y la eficiencia del sistema.

Guardar puntos de restauración

Los puntos de restauración son una técnica importante en el control de concurrencia y la gestión de transacciones en bases de datos. Permiten guardar un estado conocido y consistente de la base de datos en un momento dado para que, en caso de un error o una necesidad de revertir cambios, se pueda volver a ese estado previamente guardado. A continuación, se detallan los conceptos relacionados con los puntos de restauración:

¿Qué son los Puntos de Restauración?

Un punto de restauración es un marcador o punto de control en una transacción o secuencia de operaciones en una base de datos. Este marcador registra el estado actual de la base de datos en un momento específico. Los puntos de restauración permiten revertir una transacción o un conjunto de operaciones a un estado anterior si ocurre un error, una falla o si se desea deshacer cambios.

Uso de SAVEPOINT

En SQL, puedes utilizar el comando SAVEPOINT para crear un punto de restauración dentro de una transacción. Un punto de restauración se utiliza principalmente en transacciones largas o complejas, donde se desean salvar hitos intermedios para revertir cambios en caso de un problema.

Ejemplo de creación de un punto de restauración con SAVEPOINT:

```sql
BEGIN;

-- Realiza algunas operaciones
INSERT INTO tabla1 (columna1) VALUES ('valor1');

-- Crea un punto de restauración
SAVEPOINT punto1;

-- Realiza más operaciones
UPDATE tabla2 SET columna2 = 'nuevo_valor' WHERE condición;

-- Comprueba si todo está en orden
IF (condición_de_error) THEN
    -- Si se detecta un error, vuelve al punto de restauración
    ROLLBACK TO punto1;
ELSE
    -- Si todo está bien, confirma los cambios
    COMMIT;
END IF;
```

En este ejemplo, se crea un punto de restauración llamado "punto1" después de realizar algunas operaciones. Si posteriormente se detecta un error o se decide revertir cambios, se puede usar ROLLBACK TO seguido del nombre del punto de restauración para regresar a ese estado anterior.

Beneficios de los Puntos de Restauración

- **Reversión de Cambios:** Los puntos de restauración permiten deshacer cambios de manera selectiva, lo que es útil en transacciones largas donde no deseas revertir todo el trabajo realizado.

- **Manejo de Errores:** En caso de que se detecte un error durante una transacción, puedes regresar al último punto de restauración, evitando que la transacción se complete en un estado inconsistente.

- **Control de la Condiciones de Éxito:** Los puntos de restauración son útiles para evaluar condiciones y determinar si una transacción debe confirmarse o revertirse.

Consideraciones sobre Puntos de Restauración

- Los puntos de restauración pueden aumentar la complejidad del código de transacción, por lo que es importante utilizarlos con moderación y de manera justificada.

- Debes administrar los puntos de restauración de manera efectiva para evitar el almacenamiento innecesario de información.

Los puntos de restauración son una herramienta valiosa en la gestión de transacciones en bases de datos. Ayudan a garantizar la integridad de los datos y permiten manejar situaciones inesperadas o errores de manera controlada y eficaz.

Ejemplos de transacciones

Transacción Simple

Supongamos que tenemos una tabla llamada "cuentas" con dos columnas: "id" y "saldo." Queremos transferir una cierta cantidad de dinero de una cuenta a otra. Si ocurre algún error, deseamos deshacer la operación y mantener la integridad de los datos. En este caso, una transacción sería útil.

```
BEGIN TRANSACTION;

-- Paso 1: Restar dinero de la cuenta origen
UPDATE cuentas
SET saldo = saldo - 100
WHERE id = 1;

-- Paso 2: Agregar dinero a la cuenta destino
UPDATE cuentas
SET saldo = saldo + 100
WHERE id = 2;

-- Comprobación de errores (puede ser una condición personalizada)
IF (error_condition) THEN
    ROLLBACK; -- Deshacer la transacción si hay un error
ELSE
    COMMIT; -- Confirmar y hacer permanentes los cambios
END IF;
```

En este ejemplo, comenzamos una transacción con BEGIN TRANSACTION, realizamos dos actualizaciones y luego evaluamos si ocurre algún error. Si se detecta un error, utilizamos ROLLBACK para revertir los cambios. De lo contrario, utilizamos COMMIT para confirmar y hacer permanentes los cambios.

Uso de Puntos de Restauración

Supongamos que estamos ejecutando una serie de operaciones complejas y deseamos crear un punto de restauración en caso de errores.

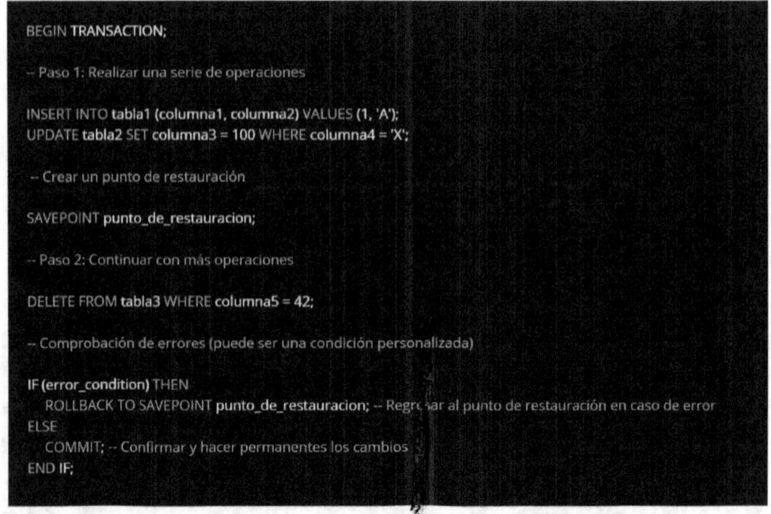

```
BEGIN TRANSACTION;

-- Paso 1: Realizar una serie de operaciones

INSERT INTO tabla1 (columna1, columna2) VALUES (1, 'A');
UPDATE tabla2 SET columna3 = 100 WHERE columna4 = 'X';

-- Crear un punto de restauración

SAVEPOINT punto_de_restauracion;

-- Paso 2: Continuar con más operaciones

DELETE FROM tabla3 WHERE columna5 = 42;

-- Comprobación de errores (puede ser una condición personalizada)

IF (error_condition) THEN
    ROLLBACK TO SAVEPOINT punto_de_restauracion; -- Regresar al punto de restauración en caso de error
ELSE
    COMMIT; -- Confirmar y hacer permanentes los cambios
END IF;
```

En este caso, después de realizar una serie de operaciones, creamos un punto de restauración llamado "punto_de_restauracion". Si ocurre un error más adelante, podemos utilizar ROLLBACK TO SAVEPOINT para regresar al estado de la base de datos en el momento en que se creó el punto de restauración.

Estos ejemplos ilustran cómo las transacciones se utilizan para agrupar operaciones y garantizar la integridad de los datos. Pueden ser particularmente útiles en situaciones donde se deben realizar cambios complejos en la base de datos y es esencial mantener la coherencia de los datos en caso de errores.

Capítulo 7: Seguridad en Bases de Datos SQL

Conceptos básicos de seguridad

La seguridad de datos en bases de datos SQL se refiere a la protección de la información almacenada en la base de datos contra accesos no autorizados, cambios no deseados o pérdida de datos. Los conceptos básicos de seguridad de datos son fundamentales para garantizar que la información confidencial esté protegida y que solo las personas autorizadas tengan acceso a ella. Algunos de los aspectos clave de la seguridad de datos incluyen:

- **Confidencialidad:** Asegura que los datos solo están disponibles para personas autorizadas. La confidencialidad se logra mediante la restricción de acceso a los datos sensibles.

- **Integridad:** Garantiza que los datos sean precisos y no se hayan modificado de manera no autorizada. Se evita la alteración no deseada de los datos.

- **Disponibilidad:** Asegura que los datos estén disponibles cuando se necesitan. Los sistemas deben estar disponibles y operativos en todo momento.

- **No Repudio:** Evita que una persona niegue la autenticidad de una acción realizada. Se utiliza para rastrear quién realizó ciertas operaciones en la base de datos.

Principios de Seguridad

Los principios de seguridad son los cimientos de cualquier estrategia de seguridad de datos:

1. **Principio de Necesidad:** Sólo se otorgan permisos de acceso a aquellos usuarios que necesitan acceder a los datos para realizar sus funciones.

2. **Principio de Menor Privilegio:** Los usuarios deben tener el mínimo nivel de acceso necesario para realizar su trabajo. Esto minimiza los riesgos de acceso no autorizado.

3. **Principio de Defensa en Profundidad:** Se implementan múltiples capas de seguridad para proteger los datos, lo que incluye firewalls, control de acceso, encriptación y otros mecanismos.

Amenazas de Seguridad

Las amenazas a la seguridad de datos pueden ser variadas y pueden provenir tanto de fuentes internas como externas. Algunas amenazas comunes incluyen:

- **Accesos No Autorizados:** Personas no autorizadas pueden intentar acceder a la base de datos.

- **Malware:** Software malicioso como virus y troyanos pueden dañar la base de datos o robar información.

- **Ataques de Inyección**: Los atacantes pueden inyectar código malicioso en consultas SQL para obtener información no autorizada.

- **Errores Humanos:** Los errores humanos, como la eliminación accidental de datos, también pueden ser una amenaza.

- **Ataques de Fuerza Bruta:** Los atacantes pueden intentar adivinar contraseñas mediante fuerza bruta.

- **Ataques de Denegación de Servicio (DDoS):** Los atacantes pueden intentar inundar el sistema con tráfico malicioso para hacerlo inaccesible.

La seguridad de datos implica la implementación de estrategias y controles de seguridad para mitigar estas amenazas y proteger los datos de la base de datos de manera efectiva.

Control de acceso a tablas y vistas

El control de acceso a tablas y vistas en una base de datos SQL es una parte esencial de la seguridad de datos. Consiste en gestionar quién tiene permiso para realizar acciones específicas, como seleccionar, actualizar, insertar o eliminar datos en tablas o vistas. A continuación, se detallan los conceptos clave relacionados con el control de acceso:

Usuarios y Roles

- **Usuarios:** Un usuario en una base de datos SQL representa a una persona o una entidad que interactúa con la base de datos. Cada usuario tiene un nombre y un conjunto de credenciales, como una contraseña, para autenticarse en la base de datos.

- **Roles:** Los roles son conjuntos de permisos agrupados. Los usuarios pueden ser asignados a uno o varios roles. Esto simplifica la gestión de permisos al otorgar o revocar permisos a un rol en lugar de a usuarios individuales.

Privilegios y Permisos

- **Privilegios:** Los privilegios son permisos que otorgan a los usuarios o roles la capacidad de realizar ciertas acciones en tablas, vistas u otros objetos de la base de datos. Los privilegios comunes incluyen SELECT, INSERT, UPDATE y DELETE, entre otros.

- **Permisos:** Los permisos se utilizan para otorgar o denegar el acceso a objetos específicos en la base de datos. Un permiso puede permitir a un usuario o rol ver una tabla o una vista, o puede restringir el acceso.

Control de Acceso Basado en Roles

El control de acceso basado en roles es una estrategia común en la que los permisos se otorgan a roles en lugar de usuarios individuales. Esto simplifica la administración de permisos, ya que puedes otorgar o revocar permisos para un rol, y todos los usuarios que son miembros de ese rol heredarán esos permisos.

Control de Acceso a Nivel de Fila

Además de controlar el acceso a nivel de tabla o vista, es posible implementar un control de acceso a nivel de fila. Esto permite especificar que un usuario o rol solo pueda acceder a ciertas filas dentro de una tabla, según una condición específica. Esto es útil cuando necesitas restringir el acceso a datos sensibles en una tabla.

Ejemplo Práctico:

Supongamos que tienes una tabla de empleados en una base de datos y deseas controlar el acceso para que solo el departamento de recursos humanos pueda ver los detalles salariales. Puedes crear un rol "RRHH" y otorgar el privilegio SELECT en la tabla de empleados a ese rol. Luego, asignas a los usuarios del departamento de recursos humanos al rol "RRHH". Además, puedes utilizar control de acceso a nivel de fila para permitir el acceso solo a las filas donde el departamento es "Recursos Humanos."

```sql
-- Crear un rol "RRHH" y otorgar privilegio SELECT en la tabla de empleados
CREATE ROLE RRHH;
GRANT SELECT ON empleados TO RRHH;


-- Asignar a usuarios al rol "RRHH"
GRANT RRHH TO usuario1, usuario2;


-- Aplicar control de acceso a nivel de fila
-- Solo permitir acceso a filas con departamento "Recursos Humanos"
CREATE SECURITY POLICY rrhh_policy
    FILTER USING (departamento = 'Recursos Humanos');
ALTER TABLE empleados ENABLE ROW LEVEL SECURITY;
```

El control de acceso a tablas y vistas es fundamental para proteger los datos sensibles y garantizar que solo las personas autorizadas tengan acceso a la información adecuada en una base de datos SQL. La estrategia que elijas dependerá de los requisitos específicos de tu aplicación y del nivel de seguridad necesario.

Control de Acceso a Nivel de Vista

El control de acceso a nivel de vista es una técnica que permite restringir el acceso a una parte específica de los datos en una tabla o vista. Esto es útil cuando solo deseas que algunos usuarios vean una subsección de la información en lugar de toda la tabla. Algunas estrategias comunes incluyen:

- **Vistas:** Puedes crear vistas personalizadas que muestren solo las filas y columnas de la tabla que deseas que los usuarios vean. Luego, otorgas permisos de acceso a estas vistas en lugar de la tabla original.

- **Filtros y Predicados:** Utiliza filtros y predicados para limitar las filas a las que un usuario puede acceder en una vista. Por ejemplo, puedes crear una vista que solo muestre los datos para un departamento específico.

Control de Acceso a Nivel de Columna

A veces, es necesario restringir el acceso a columnas específicas dentro de una tabla o vista. Esto es especialmente útil cuando algunas columnas contienen información sensible. Algunas estrategias para el control de acceso a nivel de columna incluyen:

- **Column-level Security:** Algunos sistemas de bases de datos ofrecen funciones de seguridad a nivel de columna que permiten definir quién puede ver o modificar columnas específicas.

- **Redacción de Datos (Data Masking):** Puedes utilizar técnicas de redacción de datos para ocultar ciertas columnas o mostrar datos enmascarados (por ejemplo, mostrar solo los últimos cuatro dígitos de un número de seguridad social).

Control de Acceso Basado en Roles

El control de acceso basado en roles es una estrategia eficaz para gestionar permisos en una base de datos SQL. Puedes definir roles específicos, asignar permisos a esos roles y luego agregar usuarios a esos roles. Esto simplifica la administración de permisos, ya que puedes otorgar o revocar permisos para un rol y afectará a todos los usuarios que sean miembros de ese rol.

Auditoría y Registro de Acceso

Para garantizar la seguridad de los datos, es importante llevar un registro de todas las actividades de acceso a las tablas y vistas. Los registros de auditoría ayudan a detectar actividades sospechosas y a rastrear quién ha accedido a los datos. Los registros pueden incluir detalles como quién realizó una consulta, cuándo se realizó y qué se accedió.

Por ello, el control de acceso a tablas y vistas en una base de datos SQL es esencial para garantizar que solo las personas autorizadas puedan ver y manipular los datos. Esto se logra mediante la gestión de usuarios, roles, privilegios y auditorías de seguridad. Además, el control de acceso a nivel de vista y columna permite un control más granular sobre los datos a los que los usuarios pueden acceder. Estas prácticas ayudan a mantener la integridad y la confidencialidad de los datos almacenados en la base de datos.

Buenas prácticas de seguridad

La seguridad de bases de datos SQL es un aspecto crítico de cualquier entorno de tecnología de la información. El almacenamiento y manejo de datos sensibles o críticos demanda una implementación de medidas de seguridad efectivas para protegerlos de accesos no autorizados, pérdida o corrupción. A continuación, se detallan prácticas recomendadas para garantizar la integridad y la confidencialidad de los datos almacenados en bases de datos SQL.

1. Políticas de Contraseñas Fuertes

El punto de partida para la seguridad de bases de datos es la implementación de políticas de contraseñas fuertes. Estas políticas deben exigir contraseñas complejas, que combinen letras mayúsculas, minúsculas, números y caracteres especiales. Además, deben requerir cambios regulares de contraseñas para reducir el riesgo de que contraseñas válidas sean comprometidas.

2. Cambios Regulares de Contraseñas

Es fundamental obligar a los usuarios y administradores a cambiar sus contraseñas en intervalos regulares. La frecuencia de estos cambios debe ser definida en función de la criticidad de la información y los riesgos asociados. La rotación de contraseñas contribuye a mitigar amenazas y asegurar la integridad de las credenciales.

3. Almacenamiento Seguro de Contraseñas

El almacenamiento seguro de contraseñas es esencial. Las contraseñas no deben ser almacenadas en texto claro en la base de datos. En su lugar, se deben aplicar técnicas de hash y salting para protegerlas. El uso de hash y salt agrega una capa adicional de seguridad al almacenamiento de contraseñas.

4. Actualización y Parcheo Continuo

Mantener el sistema de gestión de bases de datos (SGBD) y las aplicaciones relacionadas actualizados es crítico. Los proveedores de SGBD lanzan actualizaciones periódicas para abordar vulnerabilidades conocidas. Estas actualizaciones deben aplicarse tan pronto como estén disponibles para minimizar riesgos.

5. Evaluación de Vulnerabilidades

La realización de evaluaciones regulares de vulnerabilidades es una práctica esencial. Estas evaluaciones buscan identificar posibles riesgos de seguridad en la base de datos y sus componentes, incluyendo la infraestructura y las aplicaciones que interactúan con la base de datos.

6. Encriptación de Datos

La encriptación es un componente crucial de la seguridad de bases de datos. Debe implementarse en dos niveles: en reposo y en tránsito. La encriptación en reposo protege los datos almacenados en el sistema de archivos de la base de datos, mientras que la encriptación en tránsito asegura que las comunicaciones entre la aplicación y la base de datos estén protegidas.

7. Control de Acceso a Nivel de Aplicación

Además del control de acceso a nivel de base de datos, es importante implementar múltiples capas de seguridad en la aplicación que interactúa con la base de datos. Esto garantiza que incluso si un atacante accede a la base de datos, no pueda explotar vulnerabilidades directamente en la lógica de la aplicación.

8. Validación de Datos de Entrada

La validación rigurosa de los datos de entrada es esencial para prevenir ataques de inyección SQL, como SQL Injection. Nunca se debe confiar en los datos proporcionados por los usuarios sin una validación adecuada. Implementar filtros y validaciones garantiza que los datos sean seguros y conformes con las reglas de la aplicación.

9. Auditoría y Registro de Actividades

La configuración de la auditoría y el registro de actividades es fundamental para garantizar la visibilidad de eventos críticos. Esto incluye intentos de acceso no autorizado, cambios en la configuración, y otras acciones relevantes. La capacidad de realizar un seguimiento de estas actividades contribuye a detectar comportamientos sospechosos y a la respuesta a incidentes.

10. Backup y Recuperación

La implementación de procedimientos regulares de respaldo de la base de datos es esencial. Estas copias de seguridad deben ser almacenadas de manera segura y probadas periódicamente para garantizar su integridad. En caso de un incidente, contar con procedimientos de recuperación sólidos es esencial para minimizar el tiempo de inactividad y la pérdida de datos.

11. Educación y Entrenamiento

La capacitación en seguridad es un componente crítico para mantener la seguridad de bases de datos. Proporciona capacitación en seguridad a los usuarios, administradores y desarrolladores para que estén al tanto de las mejores prácticas de seguridad y amenazas de seguridad emergentes.

12. Evaluación de Amenazas y Riesgos

Realiza análisis regulares de riesgos para identificar posibles amenazas a la seguridad de la base de datos. Estos análisis ayudan a priorizar medidas de seguridad y a ajustar las políticas de seguridad en función de los riesgos identificados. Además, un análisis de riesgos detallado puede ayudarte a entender las amenazas potenciales y a planificar estrategias de mitigación eficaces.

13. Control de Acceso a Nivel de Aplicación

Implementa el principio de "menor privilegio" al asignar permisos a los usuarios. Esto significa que cada usuario debe tener el mínimo conjunto de privilegios necesarios para realizar sus tareas. Utiliza roles para simplificar la administración de permisos. Asigna permisos a roles y luego agrega usuarios a esos roles. De esta manera, la gestión de permisos se vuelve más eficiente.

14. Monitoreo Continuo y Auditoría

La configuración de sistemas de monitoreo y auditoría continua es esencial para detectar actividades sospechosas y amenazas de seguridad en tiempo real. Estos sistemas pueden alertar sobre eventos inusuales o no autorizados, lo que permite una respuesta rápida y eficiente a incidentes.

15. Respaldo y Recuperación Completa

Los procedimientos de respaldo deben incluir tanto respaldo completo de la base de datos como respaldo de registros de transacciones. Los procedimientos de recuperación también deben ser probados periódicamente para garantizar que los datos se puedan recuperar de manera efectiva en caso de una interrupción.

16. Educación Continua y Concientización de Seguridad

Mantén a tu equipo y a los usuarios informados sobre las amenazas de seguridad actuales y las mejores prácticas de seguridad. Fomenta una cultura de seguridad en la organización para que todos los empleados sean conscientes de la importancia de la seguridad de datos.

17. Evaluación de Amenazas y Riesgos Constantes

La evaluación de amenazas y riesgos debe ser un proceso continuo. A medida que el entorno de seguridad evoluciona, es importante ajustar las políticas de seguridad y las medidas de protección. El análisis constante de riesgos te permitirá anticipar y abordar nuevas amenazas.

La seguridad de bases de datos SQL es un proceso multifacético y en constante evolución. La implementación de estas buenas prácticas ayuda a proteger la integridad y la confidencialidad de los datos, al tiempo que reduce los riesgos asociados a posibles amenazas de seguridad. La seguridad de datos debe ser una prioridad en cualquier organización que maneje información sensible o crítica en sus bases de datos SQL.

Capítulo 8: Bases de Datos Específicas

En el mundo de la gestión de bases de datos SQL, existe una amplia variedad de sistemas de gestión, cada uno con sus propias características, fortalezas y peculiaridades. En este capítulo, nos adentraremos en el terreno de las bases de datos específicas, explorando tres de las más populares y ampliamente utilizadas: MySQL, PostgreSQL y SQL Server.

A medida que avanzamos en este capítulo, descubriremos las características distintivas de cada uno de estos sistemas de gestión, examinaremos cómo se destacan en términos de rendimiento, escalabilidad y características especiales, y exploraremos sus diferencias clave.

Comenzaremos con una inmersión en MySQL, conocido por su velocidad y eficiencia, y descubriremos cómo puede ser una elección ideal para aplicaciones web y proyectos de escala masiva. Luego, nos sumergiremos en PostgreSQL, un SGBD de código abierto que se destaca por su capacidad para manejar datos complejos y su enfoque en la extensibilidad.

Finalmente, exploraremos SQL Server, una oferta de Microsoft que se ha ganado su lugar en entornos empresariales y aplicaciones críticas, gracias a su sólida integración con otras tecnologías de Microsoft y sus capacidades de administración de datos a gran escala.

Cada sección de este capítulo estará acompañada de ejemplos específicos para ayudarte a comprender cómo aplicar los conceptos en la práctica y cómo elegir el sistema de gestión de bases de datos más adecuado para tus necesidades. A medida que avanzamos en esta exploración de bases de datos específicas, podrás tomar decisiones informadas y estratégicas sobre qué SGBD es el más adecuado para tus proyectos y aplicaciones. ¡Vamos a adentrarnos en el mundo de MySQL, PostgreSQL y SQL Server para descubrir sus secretos y aplicaciones en el mundo de la gestión de bases de datos SQL!

MySQL: Características y diferencias

MySQL es uno de los sistemas de gestión de bases de datos (SGBD) más ampliamente conocidos y utilizados en todo el mundo. Su popularidad se debe en gran parte a sus características distintivas, rendimiento confiable y amplia adopción en una variedad de entornos, desde aplicaciones web hasta sistemas de alta disponibilidad. A continuación, exploraremos con más profundidad las características clave de MySQL y las diferencias significativas que lo separan de otros SGBD, como PostgreSQL y SQL Server.

Características Clave de MySQL

1. **Código Abierto:** MySQL es un SGBD de código abierto, lo que significa que es gratuito y está respaldado por una comunidad activa de desarrolladores y usuarios. Esta característica no solo lo hace asequible, sino que también promueve la innovación y la mejora continua.

2. **Rendimiento:** MySQL es conocido por su velocidad y eficiencia en el procesamiento de consultas SQL. Su arquitectura optimizada y su capacidad para manejar múltiples conexiones simultáneas lo convierten en una elección preferida para aplicaciones web de alto rendimiento. El uso de índices y técnicas de optimización de consultas contribuye a su sólido rendimiento.

3. **Escalabilidad:** MySQL es escalable y puede manejar grandes volúmenes de datos y cargas de trabajo exigentes. Ofrece opciones como la replicación (que permite crear copias de la base de datos para mejorar la disponibilidad y escalabilidad) y la fragmentación de tablas, que distribuye datos en múltiples servidores para una mayor eficiencia.

4. **Soporte Multiplataforma:** MySQL es compatible con una amplia gama de plataformas, incluyendo Windows, Linux, macOS y otros sistemas operativos. Esto lo hace versátil y adecuado para una variedad de entornos de desarrollo, lo que es especialmente útil en proyectos de código abierto y aplicaciones multiplataforma.

5. **Amplia Adopción y Comunidad Activa:** La popularidad de MySQL ha resultado en una amplia comunidad de usuarios y desarrolladores. Existe una abundante documentación en línea, foros de soporte activos y una gran cantidad de recursos disponibles. Esto facilita la resolución de problemas y la obtención de ayuda en caso de dificultades.

Diferencias con otros SGBD

1. **Licencia:** En contraste con SQL Server, que es un SGBD propietario desarrollado por Microsoft, MySQL utiliza una licencia dual. Esto significa que puedes optar por utilizar la versión de la comunidad (con licencia GPL) de forma gratuita o la versión comercial (MySQL Enterprise) con características adicionales. Esta flexibilidad en la licencia hace que MySQL sea adecuado para una amplia variedad de escenarios de uso.

2. **Replicación:** MySQL es conocido por su sólida capacidad de replicación. La replicación permite la creación de copias de la base de datos en servidores adicionales, lo que mejora la disponibilidad y escalabilidad. Aunque PostgreSQL también admite replicación, MySQL se destaca por su simplicidad y flexibilidad en este aspecto.

3. **Almacenamiento de Datos No Estructurados:** Aunque MySQL es adecuado para el almacenamiento y recuperación de datos estructurados, como tablas relacionales, no es tan eficiente cuando se trata de datos no estructurados o semiestructurados, como documentos JSON o XML. PostgreSQL, por otro lado, brilla en este aspecto, ya que ofrece soporte nativo para estos tipos de datos.

4. **Extensibilidad:** MySQL es altamente extensible a través de motores de almacenamiento, como InnoDB y MyISAM, que permiten personalizar el comportamiento de la base de datos. Sin embargo, en lo que respecta a funciones almacenadas y procedimientos almacenados, PostgreSQL brinda opciones más avanzadas y permite la creación de funciones almacenadas más complejas y personalizadas.

5. **Compatibilidad ANSI SQL:** Aunque MySQL sigue las convenciones de SQL en gran medida, PostgreSQL es conocido por su mayor conformidad con el estándar ANSI SQL. Esto significa que PostgreSQL tiende a ser más estricto en la aplicación del estándar SQL, lo que puede ser ventajoso si necesitas portabilidad y migración sencilla de aplicaciones a otros SGBD.

MySQL destaca por su rendimiento, escalabilidad y flexibilidad, lo que lo convierte en una elección popular para aplicaciones web y proyectos de código abierto. Sin embargo, al elegir MySQL sobre otros SGBD, debes considerar factores como la licencia, la capacidad de manejo de datos no estructurados, la extensibilidad y la conformidad con el estándar SQL según las necesidades específicas de tu proyecto. Esta comprensión más detallada de las características y diferencias de MySQL te ayudará a tomar decisiones informadas al seleccionar un sistema de gestión de bases de datos para tus aplicaciones y proyectos.

Link a MySQL: https://www.mysql.com/

PostgreSQL: Características y diferencias

PostgreSQL es un sistema de gestión de bases de datos (SGBD) de código abierto conocido por su capacidad para manejar datos complejos y su enfoque en la extensibilidad. Vamos a explorar con más detalle las características clave de PostgreSQL y las diferencias que lo distinguen de otros SGBD, como MySQL y SQL Server.

Características Clave de PostgreSQL

1. **Extensibilidad:** PostgreSQL se destaca por su alto grado de extensibilidad. Los usuarios pueden crear funciones y tipos de datos personalizados, lo que lo convierte en una elección ideal para aplicaciones que requieren manipulación avanzada de datos y análisis especializados.

2. **Soporte Nativo para Datos No Estructurados:** PostgreSQL brinda soporte nativo para datos no estructurados y semiestructurados, como documentos JSON y XML. Esto permite almacenar, buscar y analizar datos variados, lo que es útil en aplicaciones que manejan información diversa.

3. **Conformidad con el Estándar SQL:** PostgreSQL se enorgullece de su alta conformidad con el estándar ANSI SQL. Esto significa que sigue de cerca las especificaciones y convenciones del lenguaje SQL, lo que facilita la portabilidad de las aplicaciones y la migración entre diferentes SGBD.

4. **Transacciones y Control de Concurrencia:** PostgreSQL ofrece un sólido soporte para transacciones y control de concurrencia. Las transacciones pueden ser configuradas con niveles de aislamiento específicos, lo que garantiza la consistencia de los datos en entornos multiusuario.

5. **Replicación Avanzada:** Al igual que MySQL, PostgreSQL admite replicación, lo que permite crear copias de la base de datos para mejorar la disponibilidad y escalabilidad. Ofrece múltiples métodos de replicación, incluida la replicación síncrona y asíncrona.

Diferencias con otros SGBD

1. **Licencia:** PostgreSQL utiliza una licencia de código abierto, similar a MySQL. Es gratuito y puede ser personalizado sin restricciones. Por otro lado, SQL Server es un SGBD propietario que requiere licencias para su uso en entornos comerciales.

2. **Replicación y Extensibilidad:** PostgreSQL se destaca por su capacidad de replicación avanzada y su extensibilidad. Aunque MySQL también ofrece replicación, PostgreSQL se considera más flexible en cuanto a la creación de funciones almacenadas y tipos de datos personalizados. SQL Server, aunque tiene sus propias capacidades de extensibilidad, es menos flexible en comparación con PostgreSQL.

3. **Soporte para Datos No Estructurados:** PostgreSQL tiene un enfoque más fuerte en el almacenamiento y búsqueda de datos no estructurados o semiestructurados, lo que lo hace especialmente útil en aplicaciones que manejan datos variados y complejos. MySQL, si bien ha mejorado en este aspecto, todavía se considera menos especializado en el manejo de datos no estructurados.

4. **Conformidad con el Estándar SQL:** PostgreSQL se adhiere más estrictamente al estándar SQL, lo que facilita la portabilidad de aplicaciones. MySQL tiende a ser más flexible en la interpretación de algunas sentencias SQL y puede permitir extensiones no estándar en ciertos casos.

PostgreSQL es un SGBD altamente extensible y flexible, con un fuerte enfoque en la conformidad con el estándar SQL y el manejo de datos no estructurados. Aunque existen similitudes con otros SGBD como MySQL, las diferencias en licencia, replicación, extensibilidad y soporte para datos no estructurados deben considerarse al elegir PostgreSQL sobre otros sistemas, dependiendo de las necesidades específicas del proyecto. La comprensión más profunda de las características y diferencias de PostgreSQL te ayudará a aprovechar sus capacidades únicas en tus aplicaciones y proyectos de bases de datos.

Link a PostgreSQL: https://www.postgresql.org/

SQL Server: Características y diferencias

SQL Server es un sistema de gestión de bases de datos (SGBD) desarrollado por Microsoft, diseñado para aplicaciones empresariales y sistemas críticos. A continuación, profundizaremos en las características clave de SQL Server y en las diferencias que lo distinguen de otros SGBD, como MySQL y PostgreSQL.

Características Clave de SQL Server

1. **Integración con Tecnologías de Microsoft:** SQL Server se integra estrechamente con otras tecnologías de Microsoft, como el sistema operativo Windows, la plataforma de desarrollo .NET y Azure, la plataforma de nube de Microsoft. Esto lo convierte en una elección natural para organizaciones que ya utilizan productos de Microsoft.

2. **Administración de Datos a Gran Escala:** SQL Server está diseñado para manejar grandes volúmenes de datos y escenarios empresariales. Ofrece capacidades de particionamiento de tablas, compresión de datos y técnicas avanzadas de indexación para un rendimiento y escalabilidad óptimos.

3. **Seguridad Avanzada:** SQL Server brinda opciones avanzadas de seguridad, incluyendo autenticación de Windows, cifrado de datos, auditoría de eventos y capacidades de control de acceso a nivel de fila. Esto lo convierte en una elección segura para aplicaciones que requieren un alto nivel de protección de datos.

4. **Servicios de Informes y Análisis:** SQL Server incluye servicios de generación de informes y análisis que permiten la creación de informes personalizados y análisis de datos empresariales. Reporting Services y Analysis Services son componentes populares utilizados para este propósito.

5. **Alta Disponibilidad y Tolerancia a Fallos:** SQL Server ofrece opciones de alta disponibilidad, como grupos de disponibilidad y réplicas de datos, que garantizan que los datos estén siempre accesibles incluso en caso de fallas de hardware o desastres.

Diferencias con otros SGBD

1. **Licencia:** SQL Server es un SGBD propietario y, por lo tanto, no es de código abierto. Requiere licencias para su uso en entornos comerciales, lo que puede aumentar los costos de implementación en comparación con sistemas de código abierto como MySQL y PostgreSQL.

2. **Integración con Productos de Microsoft:** Aunque la integración estrecha con productos de Microsoft puede ser una ventaja en entornos que ya utilizan estas tecnologías, puede ser menos atractiva si prefieres un enfoque más agnóstico en cuanto a la tecnología.

3. **Conformidad con el Estándar SQL:** SQL Server sigue en gran medida las convenciones del estándar SQL, pero es posible que no sea tan estricto en la aplicación del estándar como PostgreSQL. Esto puede resultar en diferencias sutiles en la sintaxis SQL y en el comportamiento en comparación con otros SGBD.

4. **Enfoque Empresarial:** SQL Server está diseñado principalmente para aplicaciones empresariales y sistemas críticos, lo que significa que podría ser una opción excesiva para proyectos más pequeños o aplicaciones web simples.

5. **Compatibilidad con Plataforma:** Aunque SQL Server es compatible con Windows y se ejecuta en Azure, puede ser menos adecuado para entornos no Windows en comparación con MySQL y PostgreSQL, que son más versátiles en términos de plataformas.

SQL Server es una opción sólida para aplicaciones empresariales y sistemas críticos que requieren seguridad avanzada, administración de datos a gran escala y una fuerte integración con productos de Microsoft. Sin embargo, las diferencias en términos de licencia, integración, conformidad con el estándar SQL y enfoque empresarial deben considerarse al elegir SQL Server sobre otros SGBD, dependiendo de las necesidades específicas del proyecto. La comprensión más detallada de las características y diferencias de SQL Server te permitirá aprovechar sus capacidades en aplicaciones empresariales y proyectos de bases de datos críticos.

Link a SQL Server: https://www.microsoft.com/es-es/sql-server/sql-server-downloads

Capítulo 9: Avanzando en SQL

Hasta ahora, has adquirido una sólida comprensión de los fundamentos de SQL, lo que te permite interactuar con bases de datos y realizar consultas básicas. En este capítulo, nos aventuraremos en aguas más profundas, explorando conceptos y técnicas avanzadas que te permitirán aprovechar al máximo las capacidades de los sistemas de gestión de bases de datos.

A lo largo de este capítulo, vamos a ver consultas más complejas y eficientes, la creación de procedimientos almacenados que automatizan tareas repetitivas, el uso de triggers para desencadenar acciones automáticas en respuesta a eventos en la base de datos y la creación de funciones definidas por el usuario para personalizar la lógica empresarial.

Los conceptos y técnicas que aprenderás en este capítulo son fundamentales para aquellos que desean profundizar en SQL y gestionar bases de datos de manera más eficiente y poderosa. Estos conocimientos te capacitarán para abordar proyectos de bases de datos más avanzados y aplicar soluciones sofisticadas a los desafíos del mundo real.

Este capítulo se adentrará en territorio avanzado, pero no te preocupes, lo guiaré a través de cada paso y te proporcionaré ejemplos prácticos que ilustrarán la aplicación de estos conceptos en situaciones concretas. Así que prepárate para expandir tus habilidades en SQL y llevar tus conocimientos al siguiente nivel. ¡Comencemos este viaje en el mundo avanzado de SQL!

Consultas avanzadas

Las consultas avanzadas en SQL implican el uso de técnicas más sofisticadas para extraer y manipular datos de bases de datos. Estas técnicas permiten optimizar las consultas para obtener resultados específicos de manera más eficiente. Aquí hay un desglose más detallado de los aspectos clave de las consultas avanzadas:

Optimización de Consultas

- En este aspecto, se exploran métodos para mejorar el rendimiento de las consultas. Esto implica comprender cómo las bases de datos manejan los índices, la estructuración de consultas para aprovechar al máximo los índices disponibles y cómo utilizar herramientas como EXPLAIN en MySQL o PostgreSQL para analizar y optimizar el plan de ejecución de consultas.

Uso de Subconsultas

- Las subconsultas (también conocidas como subqueries) permiten anidar consultas dentro de otras consultas. Se utilizan en la cláusula WHERE, en la lista de selección o en la cláusula FROM. Las subconsultas pueden ser correlacionadas o no correlacionadas, y son útiles para realizar comparaciones, filtrar datos y realizar operaciones más complejas.

Unión de Múltiples Tablas

- Al trabajar con múltiples tablas, se pueden utilizar cláusulas JOIN avanzadas, como INNER JOIN, LEFT JOIN, RIGHT JOIN y FULL JOIN para combinar datos de diferentes tablas. Además, se exploran conceptos como JOINs múltiples o anidados para relacionar conjuntos de datos complejos.

Operaciones Avanzadas

- Esto puede incluir el uso de funciones agregadas más complejas (como ROLLUP o CUBE), operadores como UNION, INTERSECT o EXCEPT, entre otros. Estas operaciones permiten realizar cálculos más avanzados y comparar conjuntos de datos de manera más específica.

Manejo de Grandes Volúmenes de Datos

- Cuando se trabaja con grandes conjuntos de datos, es esencial conocer estrategias para optimizar consultas y reducir el tiempo de procesamiento. Esto puede incluir la partición de tablas, la indexación adecuada y el uso eficiente de sentencias como GROUP BY y HAVING.

El objetivo principal de las consultas avanzadas es mejorar la eficiencia y precisión al extraer datos de la base de datos. Esto es fundamental para proyectos que involucran grandes cantidades de datos o aplicaciones empresariales que requieren análisis detallados y resultados específicos. La comprensión de estas técnicas avanzadas te capacitará para resolver problemas complejos y mejorar el rendimiento de las consultas en entornos de bases de datos más exigentes.

Creación de procedimientos almacenados

La creación de procedimientos almacenados es una técnica avanzada en SQL que permite definir y almacenar un conjunto de comandos SQL que pueden ser ejecutados de manera repetitiva. Estos procedimientos se guardan en la base de datos y se pueden invocar fácilmente cuando se necesitan realizar tareas específicas. Aquí tienes una explicación más detallada:

Procedimientos Almacenados

Un procedimiento almacenado es un conjunto de comandos SQL que se guarda en la base de datos y se le da un nombre. Estos procedimientos pueden tomar parámetros como entrada y devolver resultados como salida. Los procedimientos almacenados son utilizados para encapsular lógica empresarial o tareas comunes, lo que facilita la ejecución de operaciones complejas en la base de datos. Algunos sistemas de gestión de bases de datos que admiten procedimientos almacenados incluyen SQL Server, MySQL y PostgreSQL.

Beneficios de los Procedimientos Almacenados

- **Reutilización de Código:** Puedes crear una lógica de programación compleja una vez y reutilizarla en varias partes de tu aplicación o en múltiples proyectos.

- **Seguridad y Control:** Los procedimientos almacenados pueden ser gestionados y controlados por administradores de bases de datos. Esto garantiza que las operaciones críticas se realicen de manera segura y consistente.

- **Rendimiento:** Los procedimientos almacenados a menudo son más eficientes que las consultas SQL ad hoc, ya que la base de datos puede almacenar y reutilizar planes de ejecución.

Creación de un Procedimiento Almacenado en MySQL

Supongamos que tienes una base de datos de empleados y deseas crear un procedimiento almacenado que devuelva una lista de empleados con un salario superior a cierta cantidad. Aquí está cómo podría verse la creación de ese procedimiento almacenado en MySQL:

```sql
DELIMITER //

CREATE PROCEDURE ObtenerEmpleadosPorSalario(IN salario_minimo DECIMAL(10, 2))
BEGIN
    SELECT nombre, salario
    FROM empleados
    WHERE salario > salario_minimo;
END;
//
DELIMITER ;
```

En este ejemplo:

- CREATE PROCEDURE se utiliza para definir el procedimiento almacenado y se le da un nombre (ObtenerEmpleadosPorSalario).

- IN salario_minimo DECIMAL(10, 2) define un parámetro de entrada llamado salario_minimo, que el procedimiento utilizará en la consulta.

- El cuerpo del procedimiento (BEGIN y END) contiene la consulta que selecciona empleados con salarios superiores al valor proporcionado.

Ejecución de un Procedimiento Almacenado

Una vez que se ha creado el procedimiento almacenado, puedes invocarlo como si fuera una función o una consulta SQL:

```sql
CALL ObtenerEmpleadosPorSalario(50000.00);
```

Esto ejecutará el procedimiento y devolverá una lista de empleados con salarios superiores a 50,000 dólares.

Procedimiento Almacenado de Inserción en MySQL

Supongamos que tienes una tabla de empleados y deseas crear un procedimiento almacenado para insertar nuevos registros de empleados. Aquí está cómo podrías hacerlo:

```sql
DELIMITER //
CREATE PROCEDURE InsertarEmpleado(
    IN nombre_empleado VARCHAR(100),
    IN salario DECIMAL(10, 2),
    IN departamento VARCHAR(50)
)
BEGIN
    INSERT INTO empleados (nombre, salario, departamento)
    VALUES (nombre_empleado, salario, departamento);
END;
//
DELIMITER ;
```

Este procedimiento almacenado toma tres parámetros de entrada (nombre, salario y departamento) y los utiliza para insertar un nuevo registro de empleado en la tabla empleados.

Procedimiento Almacenado de Actualización en SQL Server

Supongamos que utilizas SQL Server y deseas crear un procedimiento almacenado para actualizar el salario de un empleado en función de su ID. Aquí está cómo podrías hacerlo en SQL Server:

```sql
CREATE PROCEDURE ActualizarSalarioEmpleado
    @id_empleado INT,
    @nuevo_salario DECIMAL(10, 2)
AS
BEGIN
    UPDATE empleados
    SET salario = @nuevo_salario
    WHERE id = @id_empleado;
END;
```

Este procedimiento almacenado toma dos parámetros de entrada (@id_empleado y @nuevo_salario) y utiliza una instrucción UPDATE para cambiar el salario del empleado con el ID especificado.

Procedimiento Almacenado de Eliminación en PostgreSQL

Supongamos que utilizas PostgreSQL y deseas crear un procedimiento almacenado para eliminar registros de empleados en función de su antigüedad en la empresa. Aquí está cómo podrías hacerlo:

```sql
CREATE OR REPLACE FUNCTION EliminarEmpleadosAntiguos(antiguedad_maxima INT)
RETURNS VOID AS $$
BEGIN
    DELETE FROM empleados
    WHERE antiguedad > antiguedad_maxima;
END;
$$ LANGUAGE plpgsql;
```

Este procedimiento almacenado utiliza la función DELETE para eliminar empleados con una antigüedad superior a la proporcionada como parámetro.

Estos ejemplos ilustran cómo puedes utilizar procedimientos almacenados para realizar operaciones de inserción, actualización y eliminación de datos en diferentes sistemas de gestión de bases de datos. Los procedimientos almacenados son especialmente útiles cuando necesitas automatizar tareas comunes o aplicar lógica empresarial personalizada en tu base de datos.

Triggers y funciones definidas por el usuario

Los triggers y las funciones definidas por el usuario (UDF) son dos características avanzadas de SQL que permiten realizar acciones personalizadas y procesar datos dentro de una base de datos. A continuación, se proporciona una explicación detallada de ambas:

Triggers

Un trigger es un objeto de base de datos que se asocia con una tabla y se activa automáticamente cuando ocurren ciertos eventos en la base de datos, como inserciones, actualizaciones o eliminaciones de registros en una tabla. Los triggers se utilizan para implementar lógica de negocio personalizada o aplicar restricciones de integridad de datos.

Aquí hay una explicación más detallada:

1. **Eventos de Activación:** Los triggers se activan en respuesta a eventos específicos, como BEFORE INSERT (antes de la inserción), AFTER UPDATE (después de la actualización) o INSTEAD OF DELETE (en lugar de la eliminación). Esto permite definir cuándo se ejecutará el trigger.

2. **Acciones del Trigger:** Un trigger puede realizar una variedad de acciones, como realizar una inserción, actualización o eliminación adicional en otra tabla, generar un mensaje de registro o lanzar una excepción en caso de que se incumplan ciertas condiciones.

3. **Ejemplo de Trigger:** Supongamos que tienes una tabla de pedidos y deseas mantener un registro de cada vez que se agrega un nuevo pedido. Puedes crear un trigger que, después de una inserción en la tabla de pedidos, registre la información del nuevo pedido en una tabla de registro.

Ejemplo de Trigger

Supongamos que tienes una base de datos de inventario y deseas mantener un registro cada vez que se agrega un nuevo producto a la tabla de productos. Puedes crear un trigger que registre automáticamente los detalles del nuevo producto en una tabla de registro. Aquí está cómo se vería un ejemplo de trigger en SQL:

```sql
-- Crear una tabla de productos
CREATE TABLE productos (
    id INT PRIMARY KEY,
    nombre VARCHAR(100),
    precio DECIMAL(10, 2)
);

-- Crear una tabla de registro
CREATE TABLE registro_productos (
    id INT PRIMARY KEY AUTO_INCREMENT,
    nombre_producto VARCHAR(100),
    fecha_registro TIMESTAMP
);

-- Crear el trigger
DELIMITER //
CREATE TRIGGER NuevoProductoRegistro
AFTER INSERT ON productos
FOR EACH ROW
BEGIN
    INSERT INTO registro_productos (nombre_producto, fecha_registro)
    VALUES (NEW.nombre, NOW());
END;
//
DELIMITER ;
```

En este ejemplo:

1. Se crea una tabla productos que almacena información sobre los productos.

2. Se crea una tabla registro_productos que se utilizará para registrar los nuevos productos y la fecha en que se agregaron.

3. Luego, se define un trigger llamado NuevoProductoRegistro que se activa después de una inserción en la tabla productos. El trigger registra el nombre del nuevo producto y la fecha actual en la tabla de registro registro_productos.

Cuando se inserta un nuevo producto en la tabla de productos, el trigger se activa automáticamente y registra los detalles del producto en la tabla de registro.

Funciones Definidas por el Usuario (UDF)

Las funciones definidas por el usuario (UDF) son funciones personalizadas que puedes crear en SQL para realizar cálculos o manipulaciones de datos específicas. Las UDF son especialmente útiles cuando necesitas aplicar lógica empresarial personalizada en tus consultas SQL. Aquí tienes más detalles:

1. **Tipos de UDF:** En SQL, existen dos tipos de UDF: las UDF escalares, que devuelven un solo valor, y las UDF de tabla, que devuelven un conjunto de filas como una tabla virtual. Puedes definir UDF que acepten parámetros y realicen cálculos complejos.

2. **Reutilización de Lógica:** Las UDF permiten encapsular lógica empresarial compleja y reutilizarla en múltiples consultas. Esto simplifica tus consultas SQL al permitirte llamar a la UDF en lugar de repetir la misma lógica en diferentes partes de tu código.

3. **Ejemplo de UDF:** Supongamos que tienes una base de datos de productos y deseas calcular el precio final de un producto después de aplicar un descuento. Puedes crear una UDF escalar que tome el precio original y el porcentaje de descuento como parámetros y devuelva el precio final después de aplicar el descuento.

Ejemplo de UDF Escalar

Supongamos que tienes una base de datos de ventas en línea y deseas calcular el precio final de un producto después de aplicar un descuento. Puedes crear una función definida por el usuario (UDF) que tome el precio original del producto y el porcentaje de descuento como parámetros y devuelva el precio final. Aquí está cómo se vería un ejemplo de UDF escalar en SQL:

```sql
-- Crear la función definida por el usuario (UDF)

CREATE FUNCTION CalcularPrecioFinal(original_price DECIMAL(10, 2), discount_percentage DECIMAL(5, 2))
RETURNS DECIMAL(10, 2)
BEGIN
    DECLARE final_price DECIMAL(10, 2);
    SET final_price = original_price - (original_price * discount_percentage / 100);
    RETURN final_price;
END;
```

En este ejemplo:

1. Se crea una función definida por el usuario llamada CalcularPrecioFinal que toma dos parámetros: original_price (el precio original del producto) y discount_percentage (el porcentaje de descuento).

2. La función realiza el cálculo del precio final restando el descuento del precio original y devuelve el resultado como un valor DECIMAL.

Ahora puedes utilizar esta UDF en tus consultas SQL para calcular el precio final de un producto después de aplicar un descuento.

Diferencias entre Triggers y UDF

- Los triggers se activan por eventos de la base de datos, mientras que las UDF se utilizan en consultas para realizar cálculos personalizados.

- Los triggers modifican los datos de la base de datos o realizan acciones, mientras que las UDF devuelven valores calculados.

- Los triggers son más adecuados para aplicar lógica en respuesta a eventos, como auditorías, restricciones de integridad o acciones automáticas. Las UDF son ideales para realizar cálculos o transformaciones en datos en consultas SQL.

Los triggers y las funciones definidas por el usuario son herramientas avanzadas de SQL que permiten personalizar y automatizar las operaciones en una base de datos. Los triggers responden a eventos de la base de datos, mientras que las UDF son utilizadas en consultas SQL para realizar cálculos y manipulaciones de datos personalizadas. Ambos son fundamentales para implementar lógica empresarial personalizada y aplicar restricciones de datos en bases de datos complejas.

Ejemplos avanzados

En este apartado, exploraremos ejemplos avanzados de consultas SQL que involucran múltiples conceptos y técnicas que hemos aprendido a lo largo del libro. Estos ejemplos te ayudarán a comprender cómo combinar y aplicar diferentes elementos de SQL en situaciones del mundo real.

Análisis de Ventas Trimestrales

Supongamos que tienes una base de datos de ventas que almacena datos de ventas diarias. Quieres realizar un análisis trimestral de las ventas para comprender cómo han variado a lo largo del año. Aquí está un ejemplo de consulta SQL que calcula las ventas trimestrales:

```sql
SELECT
    YEAR(FechaVenta) AS Año,
    QUARTER(FechaVenta) AS Trimestre,
    SUM(MontoVenta) AS VentasTrimestrales
FROM Ventas
GROUP BY Año, Trimestre
ORDER BY Año, Trimestre;
```

En este ejemplo:

- Utilizamos las funciones YEAR y QUARTER para extraer el año y el trimestre de la fecha de venta.

- Luego, agrupamos las ventas por año y trimestre.

- Finalmente, sumamos los montos de venta para obtener las ventas trimestrales.

Gestión de Inventario y Pedidos

Supongamos que gestionas una tienda en línea y deseas realizar un seguimiento del inventario y gestionar los pedidos de los productos. Aquí hay una consulta SQL que muestra los productos con bajo inventario y los pedidos pendientes:

```sql
SELECT
    Productos.Nombre AS Producto,
    Productos.Inventario AS InventarioDisponible,
    Pedidos.Cantidad AS CantidadPedida
FROM Productos
LEFT JOIN Pedidos ON Productos.ID = Pedidos.ProductoID
WHERE Productos.Inventario < Pedidos.Cantidad;
```

En este ejemplo:

- Utilizamos una combinación LEFT JOIN para vincular la tabla de productos con la tabla de pedidos en función del ID del producto.

- Luego, filtramos los productos donde el inventario disponible es menor que la cantidad pedida.

Esto te ayudará a identificar productos con bajo inventario que necesitan ser reabastecidos para satisfacer los pedidos pendientes.

Análisis de Ventas de Clientes Frecuentes

Supongamos que deseas identificar a tus clientes más frecuentes y analizar sus patrones de compra. Aquí hay una consulta SQL que muestra a los clientes con más de 10 compras en el último año:

```sql
SELECT
    Clientes.Nombre AS Cliente,
    COUNT(Compras.ID) AS ComprasRealizadas
FROM Clientes
JOIN Compras ON Clientes.ID = Compras.ClienteID
WHERE Compras.FechaCompra >= DATEADD(YEAR, -1, GETDATE())
GROUP BY Clientes.Nombre
HAVING COUNT(Compras.ID) > 10;
```

En este ejemplo:

- Realizamos una JOIN para relacionar las tablas de clientes y compras por el ID del cliente.

- Filtramos las compras realizadas en el último año utilizando la función DATEADD.

- Luego, agrupamos por cliente y contamos el número de compras.

- Finalmente, filtramos para mostrar solo los clientes con más de 10 compras en el último año.

Estos ejemplos avanzados muestran cómo puedes utilizar consultas SQL para realizar análisis detallados y tomar decisiones informadas en situaciones del mundo real. La combinación de conceptos como funciones de fecha, JOIN y GROUP BY te permite abordar desafíos más complejos en la gestión de datos y la toma de decisiones.

Capítulo 10: Visualización de Datos

Introducción a la visualización de datos

La visualización de datos es un campo en constante crecimiento que desempeña un papel fundamental en el análisis y la comunicación de la información contenida en bases de datos. En esta sección, nos sumergiremos en los conceptos clave relacionados con la visualización de datos y comprenderemos por qué es esencial en el análisis de datos y la toma de decisiones informadas.

Importancia de la Visualización de Datos

La visualización de datos es más que solo representar datos en gráficos coloridos. Es una herramienta poderosa para:

- **Simplificar la Complejidad de los Datos:** Los datos crudos, en forma de números y tablas, pueden ser complejos y difíciles de entender. Las visualizaciones transforman estos datos en gráficos, gráficos y diagramas que revelan patrones y tendencias de manera más clara y accesible.

- **Facilitar la Toma de Decisiones:** La toma de decisiones basadas en datos es una parte esencial de cualquier campo, desde los negocios hasta la ciencia y la salud. Las visualizaciones permiten una comprensión más rápida de la información, lo que acelera la toma de decisiones informadas.

- **Comunicar Información de Manera Efectiva:** Las visualizaciones son herramientas de comunicación poderosas. Ayudan a transmitir información de manera efectiva a una variedad de audiencias, desde colegas y clientes hasta el público en general.

Simplificación de la Interpretación

Las visualizaciones simplifican la interpretación de los datos a través de representaciones gráficas, lo que permite a las personas ver patrones y relaciones en los datos de un vistazo. Algunos ejemplos de cómo las visualizaciones simplifican la interpretación de datos incluyen:

- **Gráficos de Barras:** Estos gráficos son ideales para comparar categorías de datos y ver diferencias claramente.

- **Gráficos de Líneas:** Muestran tendencias y cambios a lo largo del tiempo.

- **Mapas de Calor:** Resaltan áreas de alta o baja concentración de datos en una matriz.

Selección de Tipos de Visualización

La elección del tipo de visualización adecuado es crucial. Diferentes tipos de gráficos son ideales para representar diferentes tipos de datos y escenarios. Algunos tipos de visualizaciones populares incluyen:

- **Gráficos de Pastel:** Representan la proporción de partes en un todo.
- **Gráficos de Barras:** Son efectivos para comparar datos entre categorías.
- **Gráficos de Líneas:** Muestran tendencias a lo largo del tiempo.

La elección del tipo de visualización debe basarse en la naturaleza de los datos y los objetivos de la comunicación.

La Visualización de Datos en el Mundo Real

La visualización de datos se aplica en una amplia gama de campos y sectores:

1. **Negocios:** Las empresas utilizan visualizaciones para comprender tendencias de ventas, rendimiento financiero y eficiencia operativa.

2. **Ciencia y Salud:** En la investigación científica y médica, las visualizaciones ayudan a analizar datos clínicos, genómicos y epidemiológicos.

3. **Gobierno:** Los gobiernos utilizan visualizaciones para comunicar información a los ciudadanos y respaldar políticas basadas en datos.

4. **Educación:** Las visualizaciones hacen que los conceptos sean más accesibles y comprensibles en entornos educativos.

Integración con herramientas de visualización

La integración de bases de datos SQL con herramientas de visualización es un componente crucial de la visualización de datos. En esta sección, exploraremos cómo exportar datos desde bases de datos SQL y conectarlos a herramientas populares de visualización, como Tableau, Power BI y matplotlib en Python. Esta integración permite aprovechar al máximo los datos almacenados en bases de datos, creando visualizaciones dinámicas y efectivas.

Exportación de Datos desde Bases de Datos SQL

- Para comenzar, es esencial poder extraer datos de una base de datos SQL. Esto implica escribir consultas SQL para seleccionar los datos que deseamos visualizar. Estas consultas pueden ser tan simples como seleccionar todas las filas de una tabla o tan complejas como unir múltiples tablas y realizar cálculos en los datos antes de la exportación.

- Los resultados de estas consultas se pueden guardar en formatos de archivo comunes como CSV (Valores Separados por Comas), Excel o en formatos específicos de bases de datos compatibles con herramientas de visualización.

Conexión con Herramientas de Visualización

- Una vez que los datos están en un formato accesible, pueden importarse en herramientas de visualización. Estas herramientas proporcionan interfaces intuitivas para cargar y manipular datos.

- Ejemplos de herramientas populares de visualización incluyen:

    a. **Tableau:** Ofrece una amplia gama de capacidades de visualización y análisis para crear tableros interactivos.

    b. **Power BI:** Proporciona una plataforma integral de análisis de datos y visualización para usuarios de Microsoft.

    c. **Matplotlib en Python:** Es una biblioteca de visualización de datos de código abierto que permite crear gráficos y visualizaciones personalizadas.

Beneficios de la Integración

- La integración con herramientas de visualización ofrece una serie de beneficios, entre los que se incluyen:

    a. **Interactividad:** Muchas herramientas de visualización permiten a los usuarios interactuar con los datos, filtrarlos y explorarlos en profundidad.

    b. **Actualización en Tiempo Real:** Los datos se pueden conectar a fuentes en tiempo real, lo que garantiza que las visualizaciones siempre reflejen la información más reciente.

    c. **Personalización:** Las visualizaciones se pueden personalizar para satisfacer las necesidades específicas de la audiencia o para cumplir con los objetivos de comunicación.

Creación de gráficos y tableros

La creación de gráficos y tableros es una parte fundamental de la visualización de datos. En este subapartado, profundizaremos en cómo utilizar SQL y herramientas de visualización para generar visualizaciones efectivas que simplifiquen la interpretación de datos y resuman información clave.

Visualizaciones Directamente desde SQL

SQL es una herramienta poderosa para la creación de visualizaciones directamente desde la base de datos. Puedes utilizar SQL para generar tablas, gráficos y otros elementos visuales. Esto es especialmente útil cuando necesitas crear informes y visualizaciones en tiempo real que se actualizan automáticamente a medida que cambian los datos.

Ejemplos de visualizaciones que se pueden generar directamente desde SQL incluyen gráficos de barras para mostrar ventas por categoría, gráficos de líneas que representan tendencias de ingresos a lo largo del tiempo y tablas de resumen que detallan estadísticas clave.

Técnicas para Crear Visualizaciones Efectivas

La creación de visualizaciones efectivas requiere atención a varios aspectos clave. Algunas técnicas esenciales incluyen:

- **Selección de Tipos de Visualización Apropiados:** Debes elegir el tipo de visualización que mejor represente tus datos. Por ejemplo, un gráfico de pastel es adecuado para mostrar la proporción de partes en un todo, mientras que un gráfico de barras es ideal para comparar valores entre categorías.

- **Uso de Colores y Etiquetas:** Los colores y las etiquetas son fundamentales para hacer que las visualizaciones sean más accesibles. Los colores pueden utilizarse para resaltar elementos importantes, mientras que las etiquetas proporcionan contexto.

- **Simplificación de la Información:** Evita abrumar a tu audiencia con demasiada información. Enfócate en los puntos clave y elimina elementos innecesarios.

- **Interactividad:** Si es posible, agrega interactividad a tus visualizaciones para que los usuarios puedan explorar los datos por sí mismos. Esto puede incluir filtros y controles deslizantes.

Desarrollo de Tableros Informativos

- Los tableros informativos son una forma efectiva de resumir y presentar información relevante en un solo lugar. Estos tableros pueden contener múltiples visualizaciones que proporcionan una visión completa de los datos.
- Los tableros informativos son ampliamente utilizados en empresas para realizar un seguimiento de métricas clave y en informes ejecutivos para tomar decisiones estratégicas.

- Las herramientas de visualización como Tableau y Power BI ofrecen capacidades para crear tableros informativos interactivos que se pueden compartir con colegas y partes interesadas.

Proyectos de visualización

Los proyectos de visualización son una parte esencial de la visualización de datos, ya que te permiten aplicar tus habilidades en situaciones del mundo real. En esta sección, exploraremos cómo desarrollar proyectos de visualización de datos a partir de conjuntos de datos reales, lo que te proporcionará experiencia práctica y te ayudará a perfeccionar tus habilidades.

Pasos para la Creación de Proyectos de Visualización

- Definición del Objetivo: Antes de comenzar un proyecto de visualización, es fundamental definir claramente el objetivo. ¿Qué información deseas comunicar? ¿Quién será tu audiencia? Establecer un objetivo claro te guiará en todo el proceso.

- Recolección de Datos: Si no dispones de datos, debes recopilarlos. Los datos pueden provenir de una variedad de fuentes, como bases de datos, encuestas, registros históricos u otras fuentes de datos relevantes a tu proyecto.

- Limpieza y Transformación de Datos: Los datos rara vez se presentan en la forma ideal para la visualización. Debes limpiarlos y transformarlos para eliminar datos faltantes, errores y duplicados, y para darles la estructura necesaria.

- Selección de Herramientas: Elige las herramientas de visualización que mejor se adapten a tus necesidades. Puedes optar por herramientas específicas como Tableau o Power BI, o utilizar bibliotecas de programación como matplotlib o D3.js para proyectos personalizados.

- Creación de Visualizaciones: Diseña visualizaciones que respalden tu objetivo. Asegúrate de que las visualizaciones seleccionadas sean apropiadas para los datos y fáciles de entender para la audiencia.

- Desarrollo de un Flujo de Trabajo: Crea un flujo de trabajo que detalle el proceso desde la recolección de datos hasta la presentación final. Esto te ayudará a mantener un enfoque organizado.

- Iteración y Refinamiento: La visualización efectiva a menudo requiere iteración. Revisa y mejora tus visualizaciones en función de la retroalimentación y la evolución de los datos.

Ejemplo de Proyecto de Visualización: Análisis de Datos de Ventas

Imaginemos que trabajas en el departamento de ventas de una empresa minorista y deseas crear un proyecto de visualización para analizar el rendimiento de ventas en el último año. Aquí están los pasos que podrías seguir:

1. Definición del Objetivo: El objetivo es analizar el rendimiento de ventas durante el último año para identificar tendencias y patrones.

2. Recolección de Datos: Obtén datos de ventas históricas de la base de datos de la empresa.

3. Limpieza y Transformación de Datos: Limpia los datos para eliminar registros duplicados y corregir posibles errores. Transforma los datos en un formato adecuado para el análisis.

4. Selección de Herramientas: Utiliza una herramienta de visualización como Tableau o Power BI para crear gráficos interactivos.

5. Creación de Visualizaciones: Diseña gráficos de barras que muestren las ventas mensuales, un gráfico de líneas que siga las tendencias a lo largo del año y un mapa que represente las ubicaciones de las tiendas.

6. Desarrollo de un Flujo de Trabajo: Establece un flujo de trabajo que incluya la carga de datos, la creación de visualizaciones y la presentación de resultados.

7. Iteración y Refinamiento: A medida que los datos se actualizan, revisa y mejora tus visualizaciones para mantenerlas actualizadas y relevantes.

Los proyectos de visualización te permiten aplicar tus habilidades en un contexto real y comunicar información de manera efectiva. Pueden abordar una variedad de temas, desde análisis de ventas y seguimiento de tendencias de mercado hasta visualización de datos científicos. La clave es definir claramente el objetivo, recopilar y limpiar los datos, seleccionar las herramientas adecuadas y desarrollar visualizaciones que cuenten una historia significativa.

Ejercicios

Ejercicio 1: Consulta SELECT Básica

Imagina que tienes una tabla llamada "Empleados" con las siguientes columnas: "ID", "Nombre", "Apellido" y "Salario". Realiza una consulta SQL que muestre el nombre y apellido de todos los empleados.

Ejercicio 2: Filtrado con WHERE

En la misma tabla "Empleados", escribe una consulta que muestre los nombres y apellidos de los empleados que ganen más de $50,000 al año.

Ejercicio 3: Consulta de Varios Campos

Supongamos que tienes una tabla "Productos" con las columnas "ID", "Nombre", "Precio" y "Stock". Realiza una consulta que muestre el nombre, el precio y la cantidad en stock de todos los productos.

Ejercicio 4: Ordenar Resultados

En la tabla "Productos", escribe una consulta que muestre el nombre y el precio de los productos, ordenados de forma descendente por precio.

Ejercicio 5: Consulta con Funciones de Agregación

Si tienes una tabla "Pedidos" con las columnas "IDPedido", "Fecha", "ClienteID" y "Total", escribe una consulta que muestre el total de ventas de todos los pedidos.

Ejercicio 6: Filtrado con Operadores Lógicos

En la misma tabla "Pedidos", realiza una consulta que muestre los pedidos realizados en enero de 2023 y que tuvieron un total de más de $1,000.

Ejercicio 7: Consulta con JOIN

Imagina que tienes dos tablas, "Clientes" con las columnas "IDCliente" y "Nombre", y "Pedidos" con las columnas "IDPedido" y "ClienteID". Escribe una consulta que muestre el nombre del cliente y el número de pedido para todos los pedidos.

Ejercicio 8: Consulta con Subconsulta

Si tienes una tabla "Empleados" con las columnas "ID" y "Salario", escribe una consulta que muestre el nombre de los empleados que ganen más que el salario promedio.

Ejercicio 9: Consulta con GROUP BY

En una tabla "Ventas" con columnas "ProductoID" y "Cantidad", escribe una consulta que muestre la cantidad total de cada producto vendido.

Ejercicio 10: Consulta con HAVING

Si tienes la misma tabla "Ventas", realiza una consulta que muestre los productos que se vendieron en una cantidad total superior a 100 unidades.

Ejercicio 11: Filtrado con WHERE y Operadores Comparativos

Supongamos que tienes una tabla llamada "Productos" con las columnas "ID", "Nombre", "Precio" y "Stock". Escribe una consulta SQL para seleccionar los productos que tienen un precio mayor que $50 y un stock mayor o igual a 10 unidades.

Ejercicio 12: Filtrado con WHERE y Operadores Lógicos

Imagina una tabla "Empleados" con las columnas "ID", "Nombre", "Salario" y "Departamento". Escribe una consulta que muestre los empleados que trabajan en el departamento de "Ventas" y ganan más de $60,000 al año.

Ejercicio 13: Filtrado con WHERE y Operadores IN

Si tienes una tabla "Clientes" con las columnas "ID", "Nombre" y "Ciudad", escribe una consulta que seleccione los clientes que son de las ciudades "Nueva York" o "Los Ángeles".

Ejercicio 14: Ordenar con ORDER BY

En la tabla "Pedidos" con las columnas "IDPedido", "Fecha" y "ClienteID", escribe una consulta que muestre los pedidos ordenados por fecha en orden ascendente.

Ejercicio 15: Filtrado con WHERE y Operadores LIKE

Supongamos que tienes una tabla "Productos" con las columnas "ID", "Nombre" y "Categoría". Escribe una consulta que seleccione todos los productos cuya categoría comience con la letra "E".

Ejercicio 16: Filtrado con WHERE y Operadores BETWEEN

En una tabla "Ventas" con las columnas "IDVenta", "Fecha" y "Monto", escribe una consulta que muestre las ventas realizadas en el mes de marzo de 2023 con un monto entre $500 y $1,000.

Ejercicio 17: Filtrado con WHERE y Operadores IS NULL

Si tienes una tabla "Empleados" con las columnas "ID", "Nombre" y "SupervisorID" (que indica el ID del supervisor de cada empleado), escribe una consulta que muestre los empleados que no tienen supervisor asignado.

Ejercicio 18: Introducción a los Joins

Supongamos que tienes dos tablas: "Clientes" con las columnas "IDCliente" y "Nombre," y "Pedidos" con las columnas "IDPedido" y "ClienteID." Escribe una consulta que muestre el nombre del cliente y el número de pedido para cada pedido realizado.

Ejercicio 19: INNER JOIN

Imagina dos tablas: "Empleados" con las columnas "ID" y "Nombre," y "Departamentos" con las columnas "IDDepartamento" y "NombreDepartamento." Escribe una consulta que muestre el nombre del empleado y el nombre del departamento al que pertenece utilizando un INNER JOIN.

Ejercicio 20: LEFT JOIN

Supongamos que tienes una tabla "Estudiantes" con las columnas "IDEstudiante" y "NombreEstudiante," y una tabla "Calificaciones" con las columnas "IDCalificación," "IDEstudiante," y "Calificación." Escribe una consulta que muestre el nombre del estudiante y su calificación si la tiene, utilizando un LEFT JOIN.

Ejercicio 21: RIGHT JOIN

Imagina dos tablas: "Pedidos" con las columnas "IDPedido," "Fecha," y "ClienteID," y "Clientes" con las columnas "IDCliente" y "Nombre." Escribe una consulta que muestre todos los pedidos y los nombres de los clientes correspondientes, incluso si no hay una coincidencia en la tabla "Pedidos," utilizando un RIGHT JOIN.

Ejercicio 22: Joins Múltiples

Supongamos que tienes tres tablas: "Estudiantes" con "IDEstudiante" y "NombreEstudiante," "Calificaciones" con "IDCalificación," "IDEstudiante," y "Calificación," y "Cursos" con "IDCurso" y "NombreCurso." Escribe una consulta que muestre el nombre del estudiante, el nombre del curso y su calificación correspondiente utilizando INNER JOIN para unir las tres tablas.

Ejercicio 23: Joins Anidados

Imagina dos tablas: "Productos" con las columnas "IDProducto" y "NombreProducto," y "Ventas" con las columnas "IDVenta," "IDProducto," y "CantidadVendida." Escribe una consulta que muestre el nombre del producto y la cantidad total vendida utilizando un INNER JOIN anidado con GROUP BY.

Ejercicio 24: Subconsulta Escalar

Supongamos que tienes una tabla "Productos" con las columnas "IDProducto" y "Precio."
Escribe una consulta que muestre el nombre y el precio del producto más caro utilizando
una subconsulta escalar.

Ejercicio 25: Subconsulta de Tabla

Imagina dos tablas: "Empleados" con las columnas "ID" y "Nombre," y "Pedidos" con las
columnas "IDPedido" y "EmpleadoID." Escribe una consulta que muestre el nombre de los
empleados que no realizaron ningún pedido utilizando una subconsulta de tabla.

Ejercicio 26: Expresión Común de Tabla (CTE)

Supongamos que tienes una tabla "Ventas" con las columnas "IDVenta," "Fecha," y "Monto."
Escribe una consulta que utilice una expresión común de tabla (CTE) para calcular el total
de ventas mensuales para el año 2023.

Ejercicio 27: Subconsulta Escalar Correlacionada

Si tienes una tabla "Clientes" con las columnas "IDCliente" y "Nombre," y una tabla
"Pedidos" con las columnas "IDPedido," "ClienteID," y "Fecha." Escribe una consulta que
muestre el nombre de los clientes y la fecha de su primer pedido utilizando una subconsulta
escalar correlacionada.

Ejercicio 28: Subconsulta de Tabla Correlacionada

Imagina una tabla "Departamentos" con las columnas "IDDepartamento" y
"NombreDepartamento," y una tabla "Empleados" con las columnas "IDEmpleado,"
"NombreEmpleado," y "IDDepartamento." Escribe una consulta que muestre el nombre de
los empleados y sus departamentos utilizando una subconsulta de tabla correlacionada.

Soluciones

Ejercicio 1: Consulta SELECT Básica

```sql
SELECT Nombre, Apellido
FROM Empleados;
```

Ejercicio 2: Filtrado con WHERE

```sql
SELECT Nombre, Apellido
FROM Empleados
WHERE Salario > 50000;
```

Ejercicio 3: Consulta de Varios Campos

```sql
SELECT Nombre, Precio, Stock
FROM Productos;
```

Ejercicio 4: Ordenar Resultados

```sql
SELECT Nombre, Precio
FROM Productos
ORDER BY Precio DESC;
```

Ejercicio 5: Consulta con Funciones de Agregación

```sql
SELECT SUM(Total) AS TotalVentas
FROM Pedidos;
```

Ejercicio 6: Filtrado con Operadores Lógicos

```sql
SELECT *
FROM Pedidos
WHERE Fecha >= '2023-01-01' AND Fecha <= '2023-01-31' AND Total > 1000;
```

Ejercicio 7: Consulta con JOIN

```sql
SELECT C.Nombre, P.IDPedido
FROM Clientes AS C
JOIN Pedidos AS P ON C.IDCliente = P.ClienteID;
```

Ejercicio 8: Consulta con Subconsulta

```sql
SELECT Nombre
FROM Empleados
WHERE Salario > (SELECT AVG(Salario) FROM Empleados);
```

Ejercicio 9: Consulta con GROUP BY

```sql
SELECT ProductoID, SUM(Cantidad) AS TotalVendido
FROM Ventas
GROUP BY ProductoID;
```

Ejercicio 10: Consulta con HAVING

```sql
SELECT ProductoID, SUM(Cantidad) AS TotalVendido
FROM Ventas
GROUP BY ProductoID
HAVING SUM(Cantidad) > 100;
```

Ejercicio 11: Filtrado con WHERE y Operadores Comparativos

```sql
SELECT *
FROM Productos
WHERE Precio > 50 AND Stock >= 10;
```

Ejercicio 12: Filtrado con WHERE y Operadores Lógicos

```sql
SELECT *
FROM Empleados
WHERE Departamento = 'Ventas' AND Salario > 60000;
```

Ejercicio 13: Filtrado con WHERE y Operadores IN

```sql
SELECT *
FROM Clientes
WHERE Ciudad IN ('Nueva York', 'Los Ángeles');
```

Ejercicio 14: Ordenar con ORDER BY

```sql
SELECT *
FROM Pedidos
ORDER BY Fecha;
```

Ejercicio 15: Filtrado con WHERE y Operadores LIKE

```sql
SELECT *
FROM Productos
WHERE Categoría LIKE 'E%';
```

Ejercicio 16: Filtrado con WHERE y Operadores BETWEEN

```sql
SELECT *
FROM Ventas
WHERE Fecha BETWEEN '2023-03-01' AND '2023-03-31' AND Monto BETWEEN 500 AND 1000;
```

Ejercicio 17: Filtrado con WHERE y Operadores IS NULL

```sql
SELECT *
FROM Empleados
WHERE SupervisorID IS NULL;
```

Ejercicio 18: Introducción a los Joins

```sql
SELECT C.Nombre, P.IDPedido
FROM Clientes AS C
JOIN Pedidos AS P ON C.IDCliente = P.ClienteID;
```

Ejercicio 19: INNER JOIN

```sql
SELECT E.Nombre AS NombreEmpleado, D.NombreDepartamento
FROM Empleados AS E
INNER JOIN Departamentos AS D ON E.IDDepartamento = D.IDDepartamento;
```

Ejercicio 20: LEFT JOIN

```sql
SELECT E.NombreEstudiante, C.Calificación
FROM Estudiantes AS E
LEFT JOIN Calificaciones AS C ON E.IDEstudiante = C.IDEstudiante;
```

Ejercicio 21: RIGHT JOIN

```sql
SELECT P.IDPedido, C.Nombre
FROM Pedidos AS P
RIGHT JOIN Clientes AS C ON P.ClienteID = C.IDCliente;
```

Ejercicio 22: Joins Múltiples

```sql
SELECT E.NombreEstudiante, C.NombreCurso, Cal.Calificación
FROM Estudiantes AS E
INNER JOIN Calificaciones AS Cal ON E.IDEstudiante = Cal.IDEstudiante
INNER JOIN Cursos AS C ON Cal.IDCurso = C.IDCurso;
```

Ejercicio 23: Joins Anidados

```sql
SELECT P.NombreProducto, SUM(V.CantidadVendida) AS TotalVendido
FROM Productos AS P
INNER JOIN (
    SELECT IDProducto, SUM(CantidadVendida) AS CantidadVendida
    FROM Ventas
    GROUP BY IDProducto
) AS V ON P.IDProducto = V.IDProducto
GROUP BY P.NombreProducto;
```

Ejercicio 24: Subconsulta Escalar

```sql
SELECT NombreProducto, Precio
FROM Productos
WHERE Precio = (SELECT MAX(Precio) FROM Productos);
```

Ejercicio 25: Subconsulta de Tabla

```sql
SELECT E.Nombre
FROM Empleados AS E
WHERE E.ID NOT IN (SELECT DISTINCT P.EmpleadoID FROM Pedidos AS P);
```

Ejercicio 26: Expresión Común de Tabla (CTE)

```sql
WITH VentasMensuales AS (
    SELECT MONTH(Fecha) AS Mes, SUM(Monto) AS TotalMensual
    FROM Ventas
    WHERE YEAR(Fecha) = 2023
    GROUP BY MONTH(Fecha)
)
SELECT Mes, TotalMensual
FROM VentasMensuales;
```

Ejercicio 27: Subconsulta Escalar Correlacionada

```sql
SELECT C.Nombre, (SELECT MIN(Fecha) FROM Pedidos AS P WHERE P.ClienteID = C.IDCliente) AS PrimeraCompra
FROM Clientes AS C;
```

Ejercicio 28: Subconsulta de Tabla Correlacionada

```sql
SELECT E.NombreEmpleado, D.NombreDepartamento
FROM Empleados AS E
LEFT JOIN Departamentos AS D ON E.IDDepartamento = D.IDDepartamento;
```

Apéndice: Recursos Adicionales

Sitios web y libros recomendados

- W3Schools - SQL Tutorial: W3Schools es una excelente fuente en línea para aprender SQL. Ofrece tutoriales, ejemplos y pruebas interactivas.

- SQLZoo: SQLZoo es un sitio web que te permite aprender SQL interactivamente a través de ejercicios prácticos.

- "Learning SQL" by Alan Beaulieu: Este libro es ideal para principiantes. Cubre los conceptos básicos y avanzados de SQL de una manera fácil de entender.

- "SQL For Dummies" by Allen G. Taylor: La serie "For Dummies" siempre ha sido amigable para los principiantes, y este libro sobre SQL no es una excepción.

- SQL Books en Amazon: Explora una variedad de libros sobre SQL en Amazon para encontrar recursos adicionales que se adapten a tus necesidades.

Comunidades en línea

- Stack Overflow: Stack Overflow es un recurso valioso para hacer preguntas y obtener respuestas sobre SQL. También puedes aprender mucho viendo las soluciones a problemas comunes.

- Reddit - r/SQL: La comunidad de Reddit r/SQL es un lugar para discutir SQL, hacer preguntas y compartir conocimientos.

- SQLServerCentral: SQLServerCentral es un sitio web y comunidad en línea centrada en Microsoft SQL Server. Ofrece artículos, foros y recursos útiles.

- DBA Stack Exchange: DBA Stack Exchange es un sitio de preguntas y respuestas para profesionales de bases de datos, donde puedes encontrar soluciones a problemas relacionados con bases de datos y SQL.

- LinkedIn y GitHub: Únete a grupos y repositorios relacionados con SQL en LinkedIn y GitHub para conectarte con otros profesionales y acceder a proyectos y recursos de código abierto.

Estos recursos adicionales te ayudarán a continuar aprendiendo y mejorando tus habilidades en SQL, así como a mantenerte actualizado con las últimas tendencias y novedades en el campo de las bases de datos y la programación SQL.

Conclusiones

Resumen de los conceptos clave

Es esencial recordar estos puntos mientras avanzas en tu viaje de aprendizaje en SQL:

1. Fundamentos de SQL: Comenzaste por aprender los fundamentos esenciales de SQL, incluyendo la estructura básica de una consulta SQL, cómo recuperar datos de una tabla y cómo filtrar esos datos según ciertos criterios utilizando la cláusula WHERE. Estos son los cimientos sobre los que se construye todo el conocimiento de SQL.

2. Consultas SELECT Avanzadas: Avanzaste en tus habilidades al explorar consultas SELECT avanzadas, lo que te permitió realizar consultas más específicas, agrupar datos, calcular estadísticas y trabajar con funciones de agregación como SUM, COUNT, AVG, y más.

3. Filtrado y Clasificación de Datos: Aprendiste a refinar tus resultados utilizando operadores lógicos (AND, OR), operadores de comparación (>, <, =) y la cláusula ORDER BY para ordenar los resultados de las consultas. Esto te permitió recuperar datos precisos y presentarlos de manera ordenada.

4. Joins y Relaciones de Tablas: Adquiriste una comprensión sólida de cómo combinar datos de múltiples tablas utilizando INNER JOIN, LEFT JOIN y RIGHT JOIN. Esto es fundamental para relacionar datos en bases de datos complejas y obtener información más completa.

5. Subconsultas y Expresiones Comunes de Tabla (CTE): Exploraste subconsultas, tanto escalares como de tabla, y cómo usar expresiones comunes de tabla (CTE) para realizar consultas más avanzadas. Esto te proporcionó herramientas poderosas para resolver problemas complejos.

6. Optimización de Consultas SQL: Aprendiste a optimizar consultas SQL para mejorar el rendimiento, incluyendo la creación de índices, la reducción del uso de subconsultas innecesarias y la optimización de consultas complejas.

7. Transacciones y Control de la Concurrencia: Comprendiste cómo utilizar transacciones para garantizar la integridad de los datos y cómo manejar el control de la concurrencia para evitar conflictos en entornos multiusuario.

8. Seguridad en Bases de Datos SQL: Aprendiste conceptos básicos de seguridad en bases de datos, cómo controlar el acceso a tablas y vistas y cómo seguir buenas prácticas de seguridad para proteger los datos confidenciales.

Siguiendo adelante con SQL

A medida que concluyes este libro, aquí hay consejos y recomendaciones detalladas para seguir adelante en tu viaje de aprendizaje:

1. Práctica Continua: La práctica es esencial para consolidar tus habilidades en SQL. A medida que avanzas, resuelve problemas reales y trabaja en proyectos que involucren bases de datos. Cuanto más practiques, más confianza ganarás en tus habilidades.

2. Exploración de Bases de Datos Específicas: A medida que adquieres experiencia, considera especializarte en bases de datos específicas como MySQL, PostgreSQL, SQL Server u otras. Cada una de estas bases de datos tiene características únicas y ventajas, y profundizar en una de ellas puede abrir nuevas oportunidades profesionales.

3. Visualización de Datos: La visualización de datos es una habilidad valiosa para complementar tus conocimientos en SQL. Aprende a crear gráficos, tableros interactivos y visualizaciones de datos que ayuden a comunicar información de manera efectiva.

Herramientas como Tableau, Power BI y Python (con bibliotecas como Matplotlib y Seaborn) son excelentes recursos para la visualización de datos.

4. Participación en Comunidades: Únete a comunidades en línea, foros y grupos de discusión relacionados con SQL. Estos entornos te brindarán la oportunidad de aprender de otros profesionales, obtener asesoramiento sobre desafíos específicos y mantenerse al día con las tendencias emergentes.

5. Actualización Constante: La tecnología y las bases de datos están en constante evolución. Asegúrate de mantenerte al día con las últimas características y mejoras en SQL y las bases de datos relacionadas. Esto te permitirá aprovechar al máximo las nuevas oportunidades y mantenerte competitivo en el mercado laboral.

6. Certificaciones y Educación Adicional: Considera la posibilidad de obtener certificaciones en bases de datos específicas, como la certificación Oracle Certified Associate (OCA) o Microsoft Certified: Azure Data Fundamentals. Estas certificaciones pueden mejorar tus perspectivas laborales y validar tus habilidades.

7. Contribución y Colaboración: A medida que te conviertas en un profesional experimentado en SQL, considera compartir tus conocimientos con la comunidad. Puedes escribir blogs técnicos, ofrecer tutoriales o contribuir a proyectos de código abierto relacionados con bases de datos.

SQL es una habilidad valiosa y versátil que te brinda acceso a una amplia gama de oportunidades profesionales en el campo de la gestión de datos. Continúa explorando, practicando y aprendiendo, y pronto te convertirás en un experto en SQL capaz de abordar desafíos complejos y aprovechar nuevas oportunidades en el emocionante mundo de las bases de datos. ¡Tu viaje en SQL no ha hecho más que comenzar!